朱鹏翰老师与世界第一谈判大师罗杰·道森

朱鹏翰老师与鲍勃·普罗克特先生

朱鹏翰老师与达美航空公司总裁

朱鹏翰老师与推销之神乔·吉拉德

朱鹏翰老师与亚洲成功学权威陈安之

朱鹏翰老师与亚洲销售女神徐鹤宁

朱鹏翰老师在世界第一潜能激励大师安东尼·罗宾斐济岛上的家

朱鹏翰老师与《穷爸爸富爸爸》一书中的“富爸爸”

朱鹏翰老师与李阳

朱鹏翰老师与林伟贤

朱鹏翰老师与世界第一行销之神杰·亚伯拉罕

朱鹏翰老师与世界领导力大师约翰·麦斯威尔

点金思维·市场营销力书系

新商战模式

朱鹏翰◎著

中国财富出版社

图书在版编目（CIP）数据

新商战模式／朱鹏翰著．—北京：中国财富出版社，2014.10

（点金思维·市场营销力书系）

ISBN 978－7－5047－5373－1

Ⅰ.①新…　Ⅱ.①朱…　Ⅲ.①商业模式—研究　Ⅳ.①F71

中国版本图书馆 CIP 数据核字（2014）第 212270 号

策划编辑 刘天一　　**责任印制** 何崇杭

责任编辑 张冬梅　宋宪玲　　**责任校对** 梁　凡

出版发行 中国财富出版社

社　址 北京市丰台区南四环西路 188 号 5 区 20 楼　　**邮政编码** 100070

电　话 010－52227568（发行部）　010－52227588 转 307（总编室）

010－68589540（读者服务部）　010－52227588 转 305（质检部）

网　址 http：//www.cfpress.com.cn

经　销 新华书店

印　刷 北京京都六环印刷厂

书　号 ISBN 978－7－5047－5373－1/F·2226

开　本 710mm×1000mm　1/16　　**版　次** 2014 年10月第1 版

印　张 15　**彩插** 2　　**印　次** 2014 年10月第1 次印刷

字　数 198千字　　**定　价** 38.00元

前　言

当你翻看这本书时，相信你是一个对企业管理运营非常感兴趣的人，或者你正从事这方面的工作。关于商业模式，相信你也是对其有所了解之人，对于了解的程度，也许你很自信，觉得商业模式就是一个运营方式，很简单；也许你有些迷茫，这么多的商业模式，到底哪一个才是最好的呢？

我在企业管理界摸爬滚打多年，也曾迷茫过，也曾自信过，写这本书的一个目的就是想和各位同行共同探讨一下当前企业中的一些商业模式，分享一下我多年来对商业模式的理解和浅薄认识。通过这本书，我希望能够让你的自信更加自信，让你的迷茫豁然开朗。所以，我希望你能够从第一页阅读这本书，从入门开始，共同分享企业中的商业模式。

曾经有一个企业家问我：“你看某某企业发展非常快，利润特别高，它们的商业模式肯定不错，你看我用他们的商业模式运作好不好？”

我说：“不好。”

他又问我：“那你说当前那么多成功的商业模式，我用哪一个好？”

我说：“哪一个都不适合你。”

他纳闷地看着我说：“你这什么意思，那你说我该怎么运营？”

我说："成功的商业模式不是复制而来的，而是创新改革出来的。其他企业成功的商业模式，你复制了不一定会成功，或者你不会获得最大的成功。"

据相关资料记载，商业模式的概念起源于20世纪50年代，大多资料对商业模式的定义是：一个完整的产品、服务和信息流体系，各个因素在这个体系中起到的作用和参与者所得到的利益及方式。其实，通俗地讲，商业模式就是指一个企业采用什么样的方式来赚钱，赚的钱越多越持久，说明这个商业模式是成功的，否则，说明是不完善或者失败的。

在当代，我们印象最深的莫过于一些电商，因为电脑、手机、网络几乎成为了我们每天都用的东西，为此，我们经常会听到一些新名词，比如B2B、B2C等，而这就是一些电商的商业模式。比如淘宝、当当、卓越、京东等网络企业，运用这些商业模式获得了很大的成功。而如果你也想成立一家电子商务企业，采用同样的商业模式获得和他们同样的成功，不能说不会，但一定会有相当大的难度。这就是前面我告诉那位企业家的，成功的商业模式不是复制而来的，而是创新改革出来的。

你可以运用他们商业模式的结构，但一定要在运营的过程中根据自己所经营的产品、方式、消费群体等进行恰当地创新，这样的商业模式才能推动企业的发展。

所以，对于商业模式的认识，我们要站在更高的角度去分析，深入认识每一个关键点，把握各要素，客观地去理解，力求让自己企业的商业模式更加完善。

朱鹏翰

2014年9月

目　录

第一章　商业模式面面观

一、现代企业的困境

随着信息交流、物流交通的高度发展，世界经济全球化的趋势进一步加剧，企业与企业之间，甚至行业与行业之间的竞争越来越激烈，导致企业的生存环境也越来越严峻。

尤其是当前的恶劣经济环境，对国内外的大多数中小企业，甚至还有许多大型企业、跨国集团来说更是雪上加霜。那么，现代企业所面临的困境都有哪些呢？主要有以下几点。

第一，国际经济环境日趋恶化。全球范围内一波又一波的金融危机蔓延开来，如刚刚经历过的美国次贷危机和欧洲主权债务危机，其影响仍在继续，国际金融市场仍旧动荡不止，世界经济持续低迷，经济复苏曙光难现。

以我国为例，世界性的金融危机引起的全球性的通货膨胀拖累了我国经济。连续几年，我国一直处于通货膨胀和经济下行的压力之下。我国政府出台了一系列的金融政策救市，陆续实行了相对宽松和适度的货币政策，如四万亿的救市计划等，然而在我国内需规模不高、通货膨胀导致的原材料价格持续走高和外贸输出出现疲软的情况下，大量的企业出现资金链断裂。

政府的救市资金对全国范围内出现这些情况的企业来说只是杯水车薪，企业出现融资难、融资成本不断升高等现象。我国各地陆续出现的民间借贷以及其体系崩溃的新闻时有发生，就是企业出现融资困难的一个畸形缩影。

第二，国内环境对企业的发展限制。我国政府对企业的管理在全球范围内来看不够成熟、规范。

例如，国家大力扶持亏损严重而改革难以进行的国有企业；对民营企业实行政策壁垒，一些行业，如金融行业、医药行业，一些民营企业难以进入。

第三，企业本身没有抵御风险和在复杂环境中应变的能力。企业组织机构松散、不合理；企业管理制度不规范、不健全；企业发展缺少核心竞争力，自身定位及发展方向偏失或不明确；企业缺乏创新和创造力。

例如，国内大名鼎鼎的百度公司，因其“百度一下，你就知道”的搜索引擎而占领了国内软件行业的先机。如此的优势，它本来一直可以在同行业内处于领先地位，但它的“不思进取”——多年来一直吃搜索引擎的“老本”，很快被其他竞争对手瓜分了市场。如 360 的杀毒软件，几乎成为个人 PC 的首选。虽然后来百度公司也推出了自己的杀毒软件，但它已经失去了同类产品在市场竞争中的先机。尽管百度公司在运营方面没有什么负面消息传出，但无法“推陈出新”已是百度公司众所周知的软肋。

总之，在当前如此不景气的经济环境下，企业面临的最大难题是生存问题。哲学上说，外因是客观因素，内因是主观因素，客观影响着主观，主观又反作用于客观。所以，在客观因素暂时不容易改变的情况下，企业要发挥自己的主观能动性，积极寻求自身摆脱困境的出路。

二、升级，转型，还有创新

每个企业都是沿着产生—发展—繁盛—衰落的自然规律发展变化的。有新生就会有死亡，只不过有的企业在发展阶段就衰落了，有的企业则能长期地处于繁盛阶段。还未达到繁盛期的企业要努力向前发展，达到繁盛期的则要努力维持现状，换句话说，每个企业首先面临的问题就是生存问题。

企业要如何生存呢？记住三个关键词：升级、转型、创新。

升级，是指企业优化自己目前正在做的产业，形成自己独特的竞争优势，在行业内居于领先地位，达到长期生存的目的。

转型，从广义来讲，是指从一个模式转换到另一个模式，放到商业上来讲，主要是指企业为适应外部环境的变化（如国家政策、经济发展水平等）并结合自身的需要，放弃原来的企业体制、结构或产业转向另一种体制、结构或领域。

振亚控股集团是浙江省纺织行业的一家实体企业，其集团公司现在的业务范围包括纺织、纤维、房地产、数据软件开发、生物制药等多方面，而其前身却只是一家专门生产涤纶布的纺织厂。从一家制造厂到集团化公司，20 多年的历程，振亚所走的是一条升级转型之路。

公司在发展初期就开局不利，行业内同类厂子多，竞争激烈而且成本高、利润少，于是公司选择引进新技术和设备把公司产品向产业链的两端延伸，并取得了成功。在对公司升级的同时，振亚也积极进行转型，依托当地政府的专项产业支持政策，振亚开始向高科技进军，培育新产业，成立了一家主要提供基因重组和克隆技术、构建荧光重组蛋白技术为主的生物科技服务企业。

虽然这次转型还没有给企业带来实质性的成果，但在转型过程中集团内部环境的不断规范和改善却是实实在在发生着。

从上例我们可以看出，升级和转型对于企业的重要性，这是对企业本身的优化。还可以看出，升级和转型两者关系非常密切，而人们也经常把升级和转型放在一起来说，这是因为升级的过程必然会涉及转型，而转型本身就是为了适应环境的变化，也是一种升级。

创新，顾名思义，创造新的东西。它是指在原有的基础上，运用一切可知的条件，为企业创造出新的、有价值的成果的活动。

创新是一个企业生存和发展的基础。在商业的历史进程中，每一次的创新，不管是哪一方面的如管理创新或者营销创新，技术创新或者制度创新，等等，都会让这些创新所在的企业受益匪浅，甚至起死回生。

例如，日本丰田汽车公司在对汽车行业进行一系列的研究之后，发明了“丰田管理模式”，此项创新帮助丰田公司打败众多汽车行业的巨头，一跃成为世界排行第一的汽车公司。

还有著名的苹果公司，在其衰落时期，乔布斯携带着符合美学设计、人性化的电子产品回归，让濒死的苹果公司重新焕发生机，在2011—2014年连续三年成为全球市值最大的公司。与其说是乔布斯拯救了苹果，不如说是其技术的创新让苹果重生。

创新于企业来说，是机遇，也是挑战。企业应勇于创新，善于创新，把握每一次市场机会，争取创新的主动权，完成企业的“蝶变”。

升级、转型、创新三者相辅相成，创新是进行企业升级和转型的驱动力，企业的升级、转型为创新创造更完善的环境和条件。每个企业都应该结合自己的实际，顺应国家政策和时代潮流的要求，进行升级、转型、创新，永远处于行业发展的前方，保持企业的旺盛生命力。

三、跨界是颠覆性发展的源泉

跨界，即从一个领域进入到另一个领域；颠覆本身就包含创新的意思，颠覆性发展就是指用一种全新的思路、模式、技术对已有的或传统的东西产生颠覆性效果的发展，或是基于旧有知识的跨界的创新型应用。

为什么本节题目中“跨界”要放在“颠覆性发展”之前呢？这是因为用一个领域的传统的思维去经营另一个领域，会产生不一样的效果，产生出创新的火花，才能实现颠覆性发展。2013 年重庆日报上有一则报道，文章名称就是引用乐视网副总裁兼首席运营官刘弘演讲中的一句话：“颠覆性变革往往出现在跨界者身上。”

乐视是国内第一家 A 股上市的视频网站，国内那么多视频网站，为什么它能够脱颖而出？乐视靠的就是不走寻常路——跨界经营，颠覆性发展，从互联网行业跨界到传统的电视行业。

乐视视频网站在成立之初就和别人不一样。大部分的视频网站都大量地采用盗版视频，而乐视却一直坚持两项工作——购买正版和推广付费。虽然坚持这两件事让公司最初的运营有些艰难，但也是在这一时期，乐视低价买到了大量的影视资料的网络版权，建立起了最全面的正版影像数字资源库，树立起了乐视这个知名品牌。

然后，乐视利用自己在互联网的优势，建立起了多功能电视平台，并推出超级电视，其销售打败了众多同类型的国内外品牌，让观众体验到了颠覆性的视觉享受。

这就是企业的跨界、颠覆性发展。通过这则例子，读者应该可以明白，跨界经营，抓住颠覆性创新的机会，会对企业产生更高的“红利”。这里一个反面的例子就是柯达公司。百年柯达拥有数万件引领时代的发明专利，在拥有了数字成像这一颠覆传统胶片成像的技术之后，却并没有用战略性的眼光看到这一技术光明的前景，而是故步自封，没有利用可以让企业转型升级的这一颠覆性创新，而走上了衰落之路。

那么，一个企业如何才能得到颠覆性发展的机会呢?

首先，要能够判断什么是颠覆性的创新。颠覆性的创新主要有四个特点，即能够为企业省钱、省力、省时并提供企业新的价值和方便。这几个方面，企业只要获得其中一种，就能取得巨大的成功。

其次，要善于捕捉新兴前沿技术里所蕴含的颠覆性机遇。当下，我们正处于信息技术高度发展的时代，各种新学科、新知识、新思想层出不穷、交叉覆盖，跨学科、跨领域的颠覆性创新时有出现，这就要求企业有能力迅速捕捉机遇并快速应用到企业发展上来。

最后，配合政府部门在颠覆性创新领域的有关工作，把新的机遇引入企业。目前，世界各大国都瞄准了颠覆性创新所带来的巨大利益，纷纷成立了专门的机构来研究和捕捉有关颠覆性创新的一切机遇，积极推动、孕育颠覆性创新的出现，我国也不例外。而事实也证明，谁能抓住颠覆性的创新，谁就抓住了发展的先机，如果企业能跟相关机构或部门合作，共同发展，互惠互利，也是一种双赢。

能够进行跨界、颠覆性发展的企业无一例外都获得了巨大的成功，例如，马云的互联网金融对传统金融的颠覆性冲击，马化腾的微信引发的对传统电信行业的变革，等等。但如果不能与时俱进，只能成为明日黄花，如诺基亚、惠普。

四、商业模式的魔力

“魔力”从字面意思来看，在有着吸引人的一面的同时还兼具毁灭的力量。商业模式的魔力就是这样。那么究竟什么是商业模式呢？究竟有何魔力呢？下面通过一个案例作答。

股神巴菲特，稍有涉猎财经消息的人应该都知道他，他除了是福布斯排行榜上位列三甲的大富豪，同时也以其精准的投资眼光闻名。巴菲特喜欢投资保险公司，有两点原因，一是投保的人多，相对来说出事故得到赔付的人少，投保额与赔付额之间有个巨大的差额，即保险的利润。二是时间差，投保的费用和最终的赔付之间会间隔很长一段时间，而这期间保险公司客户的投保费用相当于无息贷款给了保险公司。

巴菲特不喜欢投资劳动密集型的企业，比如说律师。如果一个律师一天能赚一千美元，那么聘用 10 个律师可以赚 1 万美元，即一个萝卜一个坑。类似这类企业的利润的放大效应不明显，企业虽难以获得高额的利润，但企业风险较小，比较稳健。

从以上的案例，应该可以看出，两类企业有两种不同的经营模式，这种经营方式就是商业模式。通俗地讲，商业模式就是企业经营获取利润的方式。目前对于商业模式比较权威贴切的定义是：商业模式是一种包含了一系列要素及其关系的概念性工具，用以阐明某个特定实体的商业逻辑。它描述了公司所能为客户提供的价值以及公司的内部结构、合作伙伴网络和关系资本（Relationship Capital）等借以实现

（创造、推销和交付）这一价值并产生可持续赢利的要素。

商业模式的魔力之一：它对于企业来讲就是赚钱的利器。

哲学上说，要一分为二地看待问题。企业选择符合自身特点的商业模式当然能够迅速崛起，快速获得利润，但如果选错了呢？

曾经显赫一时的分众传媒集团在把其户外媒体的业务卖给新浪的时候，整个互联网行业都震惊了。行业内的并购重组是司空见惯的事，分众何以如此引人注目，那是因为它背后的分众传媒创始人江南春的创业传奇以及新浪董事长曹国伟的大新浪梦想联合作用。

江南春行商的手段之一就是惯于和政府政策打擦边球。但常打雁难免要被雁啄。2008 年的 3 · 15 晚会曝光了分众其实是中国最大的垃圾短信制造商，分众被迫终止了它的 SP 业务。这也是分众开始走向衰落的拐点。分众的失败让我们看到，一个商业模式和国家政策发生冲突对企业来说可能就是一个重大隐患。

商业模式的魔力之二：企业中任何一个环节和现有的商业模式不匹配，都有可能引发企业地震。

这只是商业模式运用中的一个反例，也是商业模式运作不当而导致企业衰落的其中一个因素。商业模式细致而又丰富，商业社会中有各种各样的企业，每年甚至每天都会有企业倒闭，这些失败的因素更是多种多样，是他们选择的商业模式不够完美吗？

其实，并没有完美的商业模式，只有适合企业并随着企业发展不断完善的商业模式。成功的光环背后肯定还有暗影，不要被一时的假象迷惑了双眼，而放弃了追求真相的机会。企业要随时警惕在自以为是的完美的商业模式的掩盖下的陷阱，及时走出误区，堵塞漏洞，不要等到大厦将倾、长堤已溃时再去补救，那时晚矣。

这就是商业模式的魔力所在，有时候会让一个企业起死回生，有时候也会让一个企业一败涂地。

五、企业发展的核动力

不同行业、不同企业的商业模式不一样，所得利润的效应不一样，每个精明的商人都会选择具有利润放大效应的企业。有人会问，不同行业中的企业发展不一样，那么处于同一行业中的企业为什么利润也会有高有低呢？我们用一个例子来说明。

赵本山和陈佩斯都是家喻户晓的小品演员，通过春节晚会给千家万户带去了无数的欢笑，但现在我们都知道赵本山已经是本山传媒集团的大老板，出资拍摄了不少高收视率的电视电影作品，名利双收，但是陈佩斯呢，现在大众已经很少看到或听到他的消息了。他在干什么呢？有则报道称陈佩斯一直致力于舞台剧的创作和表演。我们知道舞台剧是属于小众的艺术。陈佩斯自己也说，因为舞台剧，他自己损失了几千万的收入，过着普通人的生活。

同样属于演艺行业，为什么两个人境遇不同，成就不同？放到商业研究上来说，是因为商业模式的不同造就了两人不一样的事业结果。把两个人比作身处同一行业的两家企业，起点一样，只是因为采用的商业模式不一样，陈佩斯的公司是创作舞台剧本—演出—赚钱，属于传统商业模式，很单一、保守；而赵本山的公司则是现代模式，多元化经营，演小品、办学校、拍电视，结果就不一样。

所以，企业的商业模式不同，企业的发展就不同，商业模式的选择对企业很重要！商业模式对企业发展的重要性体现在四个方面：

第一，商业模式是企业高效、快速赢利的先决条件。企业在新进入一个行业时，这个行业可能是个老行业，有一套自己相对成熟的商业模式；或者这个行业是一个新兴起的行业，商业模式不稳定甚至没有。那么此时对于这个企业来说，想要在这个行业中有一席之地，应对同行的竞争，获得持续的赢利，商业模式的选择至关重要，这个被企业选择的商业模式必须是能够促进企业快速发展而又和同行们具有差异化的新的商业模式。

第二，商业模式促使企业不断地进行思考，进行自我价值追求的调整，从而调整企业的商业运营。在商业竞争中，企业所采用的竞争策略一般有三种：差异化策略、低成本策略、聚焦策略，其所关注的焦点是能为企业创造多少价值。而商业模式则促使企业思考在创造这些价值的过程中是否能带来新的利润增长，这些价值的创造是不是对的，从而对企业的运营活动和方式进行调整。

第三，商业模式的选择也在一定程度上决定了企业核心竞争力的定位。例如，同样是做干果行的两家公司。A 公司的货源广，从新疆的大枣到海南的椰片都能在其直营店里买到。B 公司也是做干果，但只做枣产品，依托大片的枣林，把小小的枣子做到了极致，产品延伸至枣片、枣干还有枣饮料，取得了巨大成功。商业模式决定了他们企业所聚焦的行业环节，是全面推进还是专注于其中一点，这也在无形中定位了企业的核心竞争力。

第四，商业模式促使企业更有大局观，在兼顾竞争对手的同时也能关注客户的需求。企业的运营活动是围绕企业、客户和竞争对手三者来进行的。企业在选择商业模式时会依据企业自身的实际情况选择进入的行业，通过调查选择进行商业活动的主要区域和业务，会去了解竞争对手的情况，会去想方设法满足客户的诉求，会让企业全方位地考虑问题。

企业要想生存就要不断地获得利润，而在获得利润的方式中，商业模式的选择是最重要的，与企业发展息息相关。

六、商业模式的“个性”

商业模式，这个一直以来在商业界或学术界、媒体界广泛运用的术语，在它出现以来的很长一段时间里，人们无法用精确的语言来定义它。学者们从不同的视角给出过不同的定义，有学者说商业模式是对企业运营活动的描述和说明；还有学者说商业模式是企业运营的创新，是一个企业深层的组织变革；而本章的第四小节里也给出了一个相对来说比较完整的定义。

然而不论是哪一种定义，其对商业模式的描述都离不开两点：一是商业模式是一个统筹全局的完整系统，有一个结构，包括各种因素、企业的各个部分都要在其框架之内；二是商业模式内的各个环节、各个部分不是各自独立的，而是有机地联系在一起的，它们要相互支持，相互协调合作，形成一个良性的循环系统。这也是商业模式的两大特点。

企业的商业模式所调控的这个系统，是企业各个部分的组成，但组成后的系统起的作用远远大于各部分之和，比如戴尔公司的直销模式。

在现在的电子产品市场，产品的优势差距几近为零，那么戴尔是凭借着什么而成功的呢？

戴尔的核心竞争力就是它有低于 4 天的存货周期，其低库存和高周转率大大解放了戴尔的库存压力和资金回流压力。它如何做到低于 4 天的存货周期呢？在它核心的生产系统中，它的原材料采购、产品设计、订货管理、存货管现、制造商管理等一系列在这条链条中的因素一环扣一环、协调联动，产生了巨大的作用。这是一个运行良好的循环系统。

商业模式要想把这个良好的循环系统、有机整体长期运行下去，还要具备两个条件，这也是商业模式两大特点的衍生品，那就是商业模式要具有动态性和独特性。

商业模式的动态性。做企业的都知道这样一句话："没有永远卓越的行业，但可以存在永远卓越的企业，只要这个企业能根据外部环境的变化，不断地为企业生存做出商业模式变革。"很少有一个行业、一个环节或者一种商业模式能够长期、持续地产生利润。

由于商业趋利的本性，使企业跟随利润经常在不同行业、一个行业的不同环节和不同的模式之间流转。由于行业各异，企业在行业中所处的环节各异，所以，可能有一个特定的商业模式让企业产生持续不断的利润。

商业模式的独特性。前面说过，企业重视商业模式的原因就是因为它是企业获取利润的方式，即商业模式是和企业的最终目的相联系的。换句话说，商业模式就是企业为达到目标而选择的一种运营机制。

一个高效的商业模式肯定会跟一个目标定位比较高的企业相联系。为了达到这个目标，商业模式必定会保证企业能以独特的方法或手段来吸引客户，占据竞争优势。我们知道，每个在市场上发展良好的企业都有其核心竞争力，即每个企业的商业模式都是不同的。所以，好的、高效的商业模式都是独特的。

直白来讲，一个高效的商业模式要保持企业内部有机统一、良性循环，除了以上两点外，还要不断创新，为企业寻找新的核心竞争力。

七、商业模式适用面

企业选择成功的、有效的商业模式无可厚非，但并不是所有有过成功案例的模式拿来给任何一个企业用，即使是同类的企业用，这个企业一定会成功。这有两方面的原因，一是企业自身对商业模式产生误解；二是商业模式对企业来说有其适用面，即有其限定因素。

企业对商业模式的误解主要有四种：

第一，企业的发展战略并不是商业模式。商业模式的构成要素并不是单一的，而企业的发展战略是属于企业运营方面，是商业模式的一部分。商业模式远高于企业的战略，是企业的立足之本。

第二，企业模式不能一成不变。一个成功的商业模式是在不断地变化着的。企业外部环境的变化，如国家政策、客户诉求，企业内部组织结构的调整，如人事变动等，都要求企业对商业模式不断地修正，来灵活应对各种状况。不能一味地固守，这才是企业长期健康的正道。

第三，适合自己企业的商业模式。成功的商业模式是企业经过长期摸索、创新所形成的，符合本企业的发展规律，不是简单的拼凑、替换，不能人为地去刻意追求商业模式。

第四，商业模式不是简单的拿来主义。A 企业看到 B 企业很成功，就盲目地把 B 的商业模式硬套在自己身上，结果并不尽如人意。每个企业有自己的特点、自己的资源、自己的各种问题、自己所处的环境，不要认为别人成功的商业模式用在自己身上就一定能成功。20 世纪丰田公司在供应链方面所进行的商业模式创新曾被各大汽车公司学习，然而成功的却凤毛麟角，这就是一个很好的例子。

企业在选择商业模式时，要考虑下列因素，这些因素是决定企业是否能选择高效的商业模式的关键。

第一，市场。企业在选择商业模式时第一个要考虑的限定因素就是市场，要调查企业即将进入的行业市场的特点、市场空间有多大、市场经历了一个怎样的发展历程、企业如果进入其中应该如何操作等。

第二，行业特征。这是企业选择商业模式时第二个要考虑的限定因素。比如说这个行业有没有固定的行业特征，如服装业其市场庞大，消费者对服装的要求舒适、时尚，那么此行业的商业模式就要对时尚敏感、对衣料的生产制造增强关注度。此外，还要考察企业在这个行业市场里发展的话，有没有什么关键因素，这对企业商业模式的形成和选择都是很重要的。

第三，企业所处的发展阶段。企业在不同的发展阶段，其发展策略、发展目标、客户范围等都不一样，商业模式不能从始至终一成不变。如在企业的初创期，商业模式注重投资的快速回报、业务的稳定；在发展期，商业模式注重企业的拓展、产品所占市场份额；在繁盛期，商业模式则注重企业利润的获取方式、企业的转型升级等；而在衰落期，企业的商业模式则看重企业的可持续发展性。商业模式应该根据企业发展阶段的不同灵活调整。

第四，企业的大小。企业的规模不同，所适用的商业模式就不同。因为不同规模的企业所拥有的资源、优势不一样，他们所要求的投资回报就不一样。比如，有的大型企业是某地市重点扶持的单位，那么它的商业模式的重点可能就是业务增长、扩大市场份额占有率、实行稳健的策略。小企业往往没有政府扶持，对国家政策形势把握不太准确，融资困难，那么它的商业模式可能就注重模式的创新、快速的利润回报等。

所以，企业在选择商业模式时，一定要注意这些误区和限定因素，这样才能找到适用于自己企业的有效的商业模式。

八、何为成功的商业模式

影响商业模式优劣的重要因素是什么？换句话说，就是依据哪些标准来判定这是一个成功的或者说失败的商业模式？

有人会说，直接看这个企业的利润率就可以知道这个商业模式是优是劣了。但其实仅以企业利润来作为评判一种商业模式是优是劣的标准，是武断的做法。一个优秀的商业模式被这个企业选择可能没有任何利润产生，但不妨碍它为另一家企业贡献出巨额红利。所以，影响商业模式优劣的重要因素并不是单一的一种，而应该是多个因素构成的一个整体，一个框架，来约束、促进、调整企业的各个方面，达到企业长期赢利的目的。这些因素都有哪些呢？

第一，商业模式是否具有创新性。商业模式的创新不是产品的创新，不是技术的创新，而是对某个环节或行业规则进行的颠覆性改变。商业模式的创新贯穿企业运营的整个流程，即从企业定位、产品研发到营销体系再到市场流通等各个环节的创新都有可能成为一种成功的商业模式。比如，丰田汽车公司在供应链环节的创新，使其生产效率比同行业的竞争者们大大提高，从而一跃成为世界排名第一的汽车销售公司。

第二，商业模式是否具有赢利性。创造利润是企业的最终目的。一个企业是否具有价值，一种商业模式是否有效的重要指标之一就是这个企业在现在或者是将来能否持续地获得利润，并且是大大高于行业平均水平的利润。

第三，商业模式是否具有不断满足客户的能力。能不断地为客户创造价值是一个企业能够长期生存的根本。企业一时的亏损或赢利都很正常，即使是拥有有效商业模式的企业也有亏损的时期。亏损并不可怕，因为这些以挖掘并以满足客户价值为导向的公司具有强大的客户基础，即使一时跌倒，也会很快站起来。例如，曾经的 IBM 公司、索尼公司都是历经严重亏损后又复活的公司。

第四，商业模式是否具有良好的风险控制能力。良好、高效的商业模式必须运营稳健，经得起风险的考验。正如一座高塔，基座铸得不稳，无论设计得多么精巧、华丽，也难免倾倒的命运。

第五，商业模式是否使企业具有可持续发展的能力。商业模式的目的是使企业能够长期地生存下去，持续地获得利润。强势崛起却后继无力并不是好的商业模式；以牺牲环境、资源而获得短时期高额利润的粗放的赢利模式也不是高效优良的商业模式。

第六，商业模式是否使企业形成了一个协调统一的有机体。商业模式的成功要靠企业内部各个部门的配合与协调。商业模式要与企业自身的状况融为一体，企业要及时做调整、升级、转型。商业模式和企业之间要达到一种如臂使指的完美配合，互相支持，共同完善，形成良性循环。

第七，商业模式是否在行业内具有先进性。商业模式对企业的重要性不言而喻。商业模式的先进性更是保证企业在行业中处于优势地位的先决条件。所以，企业要积极维护和建立好的商业模式和商业模式的创新，在复杂多变的商业环境中灵活反应，及时对商业模式进行修正和完善，这样才能长久地保持企业在行业内的先进性。

优秀的商业模式虽然很多，但一个优秀的商业模式的形成却是经过漫长的行业实践经验堆积出来的，所以一种商业模式是否优秀，最终还是要把它放在企业里去验证。

第二章　商业模式基点打造

一、思想教育，信息疏导传递

在上一章，我重点阐述了商业模式，以及商业模式对一个企业的重要性。那么，怎样才能打造一个成功的商业模式呢？就像一座高楼想要拔地而起必须要打好地基一样，一种成功的商业模式的打造需要从基点开始。那么，这些基点包括什么呢？

主要有以下几方面：思想教育，信息疏导传递；知己知彼，确定价值主张；确定方向，精准市场定位；把握政策，政策就是商机；深挖市场，明确客户群体；利益分配，规划赢利模式；业务范围，构建经营系统；拓展空间，完善合作网络。我们先从“思想教育，信息疏导传递”开始探讨。

任何一件事情，都是先有想法才会去实现。所以，打造商业模式的第一步就是要先把某种思想传递出去。这种思想是有关商业模式本身和企业本身的信息，传递的对象是企业的员工，是行业间的竞争者，是企业的客户，以及企业的投资者。

第一，进行商业模式本身的思想教育和信息的疏导传递。人们认识事物过程的一般规律是知道、了解、接受。打造一种商业模式就得先要让别人知道什么是商业模式，认识到它的重要性，即它能为我带来什么，它带来的是否是我需要的。人们有了商业模式的概念才会去想要打造一种商业模式。

思想教育、信息疏导传递的过程就是将一种思想转化为另一种思想的过程。例如，培养员工以市场为导向的思维；潜移默化引导消费者按照设计好的模式进行消费，等等。这个过程是一个长期的过程，需要商业模式的打造者们前赴后继地去传道。

第二，进行企业自身的思想教育和信息的疏导传递。这是最重要的一步。我们前面讲过，有效的商业模式的特征之一就是良性的循环系统，企业各个环节的联动机制要和谐统一。要达成此效果，企业内部的信息交流，如企业命令的上传下达、企业政策的执行到位等就要做到畅通无阻，这是企业内部所要重视的。

对于企业外部，企业信息同样需要疏导传递。向行业间的竞争者疏导传递信息，是增强行业间良性竞争的动力。例如，A 公司新产品的出现成为其新的利润增长点，B 公司要么研发新产品，要么在其他方面创新来挽回颓势，从整个大局来说，竞争繁荣了市场经济。向客户进行信息的疏导传递，是打造商业模式基点中的基点。客户价值是商业模式创造价值的基础。

销售领域里有一句话：“客户不是挖掘出来的，客户是培养出来的。”这里的“培养”更多的是思想同化、信息不断地重复传递，让客户认同你，认同你的产品，认同你的企业，认同从他们身上赚钱的模式。例如，中国著名的白酒——金六福酒。它不断地向别人传达出这样一个讯息，它是喜庆的酒，于是，人们的思想渐渐被改变，一有喜事，首先想到的婚宴用酒就是金六福。

第三，对投资者进行思想教育和信息的疏导与传递。前面讲到，商业模式适用性的制约因素之一就是企业的规模。企业有多少投资是企业规模大小的一个重要因素。企业要用自身的优势、资源等去说服投资者，不断向投资者传递这样一个信息：我会带给你你所期望的回报。

有人说，问题永远不在于如何使头脑里产生崭新的、创造性的思想，而在于如何从头脑里淘汰旧观念。反过来说，任何观念的改变都源自于头脑里进驻了新的思想。所以，思想教育和信息疏导传递不管是对企业内部还是企业外部来说，都至关重要，是打造一种成功的商业模式最重要的起点。

二、知己知彼，确定价值主张

打造商业模式的基点之二，就是知己知彼，确定价值主张。我们首先来看一个案例。

索芙特化妆品公司目前在国内可以说是化妆品行业内的一面旗帜，它在国内竞争激烈的日化行业内闯出了自己的一片天地，创造了中国化妆品的奇迹。2000 年以前，化妆品行业竞争非常激烈，那时市场容量巨大，利润很可观，企业准入门槛也低，于是众多企业竞相挤入。索芙特就是在这样一个环境中成长起来的。它从一个名不见经传的小企业发展到如今的上市集团，靠的就是它知己知彼、创意先行的企业价值主张。

当时的化妆品市场主要强调化妆品带给人的精神感受，而能把化妆品的功能落到实处的产品却几乎没有，如专门用来美白的，专门用来减肥的等，这片领域几乎是一片空白。在了解到这种情况后，索芙特迅速出击，研制出介于保健品和化妆品之间的产品，从而与其他品牌区别开来，走出了一条属于自己的路。例如，索芙特海藻减肥香皂的出现，率先在市场上实现了香皂的功能化，给客户带来了安全、方便的产品，迎合了客户心理。这是其在市场终端差异化产品带来的成功，也是其知己知彼案例的另类成功。

在海藻减肥香皂和木瓜洗面奶之后，2000 年，索芙特又全力推出了珍珠美白、收缩毛孔等十种洗面奶产品，引领了又一波销售狂潮。

从案例中我们可以看出，索芙特的成功与其深入研究其行业现状，分析竞争产品，做到知己知彼是分不开的。打造成功的商业模式就是要锁定竞争对手，做到知己知彼。

索芙特成功的第二个因素就是确立了自己的价值主张。索芙特的独特卖点，即索芙特的销售主张“人无我有”。

索芙特从来不打价格战，而是拿出了自己产品的独特之处，大声地说了出来，并且不断重复。如索芙特收缩毛孔、微粒护肤、MG 祛痘、芦荟保湿、羊胎除皱等产品的名称，这些词语几乎成为了每一个美容界人士都要掌握的招徕客户术语。索芙特一直在向消费者传达一个讯息或者说是主张，即购买索芙特的产品可以有什么具体的利益，并且是其他产品做不到且无法提供的。

它一直在有力地强调一种“人无我有”的唯一性。这就是索芙特的价值主张，集中在某一个点上，从而达到吸引客户购买产品的目的。

在打造商业模式的时候，知己知彼才能确定企业的价值主张，这是一个因果关系。虽然有时候企业正确的价值主张并不一定做到了知己知彼，但知己知彼后所做出的价值主张一定是合理的。不说它一定是正确的，是因为有时可能因为历史条件的限制或企业自身的缺陷等而不得不放弃正确的价值主张。

这种价值主张其实就是企业的核心竞争力。前面我们说过，企业的核心竞争力是企业获得长期竞争优势的能力。只有一个具有核心竞争力的企业才有可能持续获得利润并发展下去。所以说，打造商业模式的基点，知己知彼，确定价值主张必不可少。

三、确定方向，精准市场定位

确定方向，精准市场定位是指企业要确定目标市场后才能针对市场提供精准的产品定位，二者有先后次序。

确定目标市场首先要对市场进行细分，然后对细分市场进行评估，评估后再对市场进行精准定位，下面分别进行深一步探讨。

第一，对市场进行细分。企业按消费者的特征把市场分为若干个小市场，根据产品本身的特点把其中一个或几个消费群体作为产品销售的目标，即目标市场。如某企业生产的皮具的特点是时尚、简洁、单款单色且价位较高，因此，可把其消费者细分为学生、普通白领和中高级管理人员。

第二，市场评估。在细分市场之后，要根据企业的自身资源和能力从各方面对细分市场进行评估。评估市场规模、评估该产品的市场吸引力如何及该产品能否满足消费者的需求。比如评估市场规模，在以上的细分市场中，喜欢具有以上特点皮具的人各占多大比例；评估市场吸引力时，可考察该皮具的颜色、款式、功能、设计风格是否让消费者喜欢，产品的价位是否符合消费者的购买力；等等。

第三，确定目标市场。经过对市场细分和评估后，确定一个或多个市场目标，如皮具的价位定位中、高档，普通学生还没有稳定收入，因此，目标市场定位于普通白领和中高级管理者。

当然，在确定目标市场时，一定要结合本企业的发展目标和能力，即使细分市场再有吸引力，但不能推动企业持续发展或分散企业精力，也应放弃。

确定目标市场之后，要对产品进行精准的市场定位。市场定位是指确定目标市场后，根据消费者的需求，为本企业产品塑造的一种区别于竞争者的鲜明形象。这种鲜明形象就是产品的竞争优势，一般来说有两种，一是价格优势，即同类产品和条件上价格比竞争对手的低；二是个性优势，即产品的性能特点等能满足消费者的特定需求。

完成市场的定位有三个步骤：

首先，通过分析调研目标市场，确认企业潜在的竞争优势。完成这个步骤需要企业对以下情况进行调研：竞争对手的产品定位，目标市场上的消费者需求及满足程度；企业能否满足其竞争对手目标市场的需求。

其次，精准选择产品的竞争优势，初步定位目标市场。企业的产品优势就是优于竞争对手的优势。企业需要分析、比较本企业与竞争对手在管理、生产、销售、财务等运作流程环节中，哪些比竞争对手强，哪些又比较弱，然后选出最优势的项目以确定市场定位，凸显个性的竞争优势并精准市场定位。

这一步骤主要是先通过企业宣传活动，将产品的性能、特点等和企业想要传达给消费者的形象传播给客户，使客户在心中建立起与该市场定位一致的形象。如一提到“海飞丝”，大家就知道那是一款去屑的洗发水。

最后，强化目标客户形象，加固产品定位与目标客户的联系。例如，客户想要婴儿的洗化用品，第一个想起来的就是强生婴儿沐浴露。最后，如果发现目标客户与产品的市场定位不相一致，造成目标客户对其产品定位的误解、混乱或模糊，企业应及时进行调整。

产品的市场定位并不是一成不变的，在下列情况下需要做调整或重新定位。一是竞争者在本企业市场定位的位置或附近推出新品抢占了部分市场份额；二是目标客户需求发生变化，造成产品销售量下降。

总之，确定市场方向是企业进行精准定位的前提，而企业的精准定位又是企业能否获取优势利润的前提。所以企业一定要对这二者进行充分的调研，让企业的产品在消费者心中占有特殊位置。

四、把握政策，政策就是商机

政策是国家的执政方针，它包括国家政策、行业政策以及地方政府出台的地方性政策等。它给国家的发展指明了方向，国家及地方政府靠它来调控社会、经济等一切活动。但有时由于复杂的国情等因素，导致现行的政策规定之间会出现矛盾等问题，于是这些政策的“真空”地带便有可能被乘虚而入。

有时，国家或地方政府还会专门出台一些繁荣行业经济的优惠性政策，这也是一种商机。所以，成功的商业模式的打造的基点之四，就是要把握政策，因为政策就是商机。

有人这样说：“政策里面有黄金。关键在于你能否发现，会不会利用。”时刻关注时势政策，形成自己的政策意识；深入研究，寻找政策中有利自己的信息，尤其是要善于利用那些优惠性政策，那么就有可能前一刻你还名不见经传，下一刻已经誉满天下。

香港著名的企业家徐展堂先生的发家史就可以说是一则善于利用政策把握商机的传奇。

徐展堂先生最初是香港银行的一个小信差，他的第一桶金就来自于他对时势政策的精准把握。1967 年香港反英暴动，造成香港房地产价格暴跌。他逆市而起，用空手套白狼的手法购入大宗房产，因为他知道，当时的英殖民政府不会坐视香港的骚乱不理。果然，没出几日，英殖民政府开始改善施政方针，楼价反弹，徐展堂稳赚第一桶金。

1997 年香港回归之际，虽然中央政府一再保证一国两制，五十年不变，可恐慌和不信任还是在有些人心中存在。当时徐展堂正准备收购中华漆厂，可地价突然攀升，卖家打起了退堂鼓。徐展堂亲自前往与对方谈判，他说："我出价虽比市价低，但你们售出后，可以拿着钱安枕无忧，而我则要面对以后的风险。"于是，卖家再无犹豫，把厂卖给了徐展堂。因为他对国家的政策方针、走向分析准确，使得他利用此次政治因素又赚一笔。

徐展堂就是这样，利用自己的政策意识，把握住了一次又一次机会，最终站到了成功的金字塔顶。

抓住政策机遇从而起死回生、大放光彩的第二个案例就是上海申达摩托车厂。当时厂子因产品、工艺、管理等原因已经濒临破产。它需要一个强有力的外援来给它注入新的活力，然而谁也不愿意接手这个"烂摊子"。山重水复疑无路，柳暗花明又一村。当时国家正实行的"抓大放小"政策（国家允许把全部对国家经济命脉无影响的企业全部放进市场经济中自由发展、竞争）让申达摩托绝处逢生。

正在谋求跨行业发展的红豆集团收购了申达，一方面申达获得了红豆充足的资金支持和先进的管理模式，另一方面红豆获得了申达厂房和技术的支持，实现了双赢。而这一双赢局面的关键，就是红豆集团依托国家政策兼并了申达。如果当时国家没有出台这项政策，如果当时《破产法》还没有出台，一个企业想要兼并另一个企业简直不可能，就更不要说后续的发展了。

党和国家的政策对经济、民生有着重大的影响，特别是现在国家正在加大深化改革的步伐，各种新政策、新规定不断出台，这就为某些行业、某些地域或某些人群带来了新的机遇。

抓住了这些政策机遇，顺时而动，一个企业就能迅速发展壮大。企业的经营者们若能敏锐地挖掘出政策潜在的商机，把握住行业发展趋势，对政策及其变动有透彻的了解并随时让企业进行灵活应对，企业就能永远立于不败之地。

五、深挖市场，明确客户群体

有个在大学门口卖绿豆粥的人说，学校里有三万多人，每人每天喝我一杯粥，不出一年，我就怎样怎样。但是几年过去了，他还是在学校门口守着一个小摊位卖绿豆粥。很多企业也是这样，他们自己在这样想的同时，忘记了他们身边有很多的同行也是这样想的。绝大多数的企业都在争抢相同的客户群，战况激烈。

在现今市场经济条件下，企业之间的趋同性越来越明显，企业优势越来越难于保持，为了使企业生存下去，为企业所打造的商业模式必须要创造出高于其他企业许多的价值。而价值点的来源，还要到市场、到客户中去寻找。商业模式打造的基点之五，就是深挖市场，明确企业的客户群体。

提起凡客诚品，大多数人的第一印象就是可以在其网站上买到高性价比的男装。虽然如今的凡客诚品的产品内容已涉及各个方面，但是其在创业之初获胜的原因之一就是不同于其他大多数服装企业做女装，而是另辟蹊径，选择了男装作为产品切入点。

为什么做男装呢？因为做女装的竞争者太多，目标客户已经被抢夺完毕。即使可以得到一些客户，对于一个刚成立的公司来说，并不足以支持它持续发展。而当时市场上，特别是在电子商务领域，专一做男装的公司并不多。而且通过对市场的分析和挖掘他们还发现，男士一般对于逛街购物并不热衷，对于所购买的衣服的细节，如尺码等并不十分挑剔。男性客户们期待一种简洁、便利的方式来完成购物。

于是，凡客诚品在男装领域打响了“第一枪”。这是凡客诚品取得成功的起点——深挖市场，明确其客户群体就是这些“懒男人”。以此次成功为基点，凡客诚品经过数年的运营积累，才开始涉足女装领域，如今，已成为众多中国网民购买服饰的第一选择。

对比绿豆粥和凡客诚品的案例，有这样几点值得我们去思考：

第一，客观分析市场，切忌贪心。对于资源有限且处于初创阶段的小企业来说尤其如此。绿豆粥的老板只看到了市场容量巨大，却从没想过自己一个小小的摊位能不能供应过来。凡客诚品在公司初创阶段，并没有贸然全面进军服装市场，而是只取其中一片深耕。

第二，了解市场状况。绿豆粥老板只想着卖粥却没有去了解市场是否饱和，他的东西能不能卖得出去、卖得好；凡客诚品则通过市场调查得出女装市场基本饱和，男装市场尚有发展空间的结论。

第三，深挖市场，明确客户需求。绿豆粥老板只想着把绿豆粥卖得怎么样，他没有去深挖市场，绿豆粥是否人人都喜欢？假使他在了解市场之后发现，还有那么多人并不爱喝绿豆粥，而爱喝红豆粥，那么对于他来说不可谓不是个商机。可他没有这么做，机遇与他擦肩而过。凡客诚品则抓住了机遇，果断进军男装市场。

第四，根据客户需求和市场情况，明确公司的客户群体。绿豆粥老板没有明确的客户群，而凡客诚品已经把其客户做了精准的定位。

成功的商业模式在形成之初就是要选择和明确其客户群。在这个阶段，企业最怕的就是我的产品谁都适合。“谁都适合”其实就是没有特点，没有明确的客户，大范围撒网，捞着一条是一条。这样做不仅严重浪费公司各种资源，加重了公司运营的负担，而且提高了成本，加大了公司风险，资金回流也不顺畅。在企业初创阶段应该做的是深入分析市场，瞄准目标客户，以最低成本进入市场，快速获得投资回报。

六、利益分配，规划赢利模式

企业的赢利模式其实就是考虑企业的经营者、投资者等利益相关者后对企业的收入结构、成本结构、目标利润等进行划分。简单地说，赢利模式就是找到企业获取利润的方法和渠道。

企业利润要如何获得，从哪里获得，在获得利润之前的资金投入及运营成本谁来负担，在企业的销售收入中哪些部分作为利润分配，哪些作为企业发展资金重新投入市场，等等，都需要企业事先规划好。

有的企业管理者会认为，利润目标还可以规划吗？我卖出产品扣除成本后所得不就是企业的利润吗？诚然，这是一种赢利模式，但运用这种赢利模式的公司收入来源太单一，永远不会发展壮大，而且在信息高度发达的现代，企业的产品和服务、组织机构和功能、投资模式、成本比例越来越同质化的情况下，企业产品有限的利润空间会越来越被压缩，最终导致企业生存艰难。

那么如何规划一个有效的赢利模式，处理好企业与其利益相关者的关系呢？如表 2 - 1 所示，可以从收入来源和成本支付两个方面来着手解决。企业的收入来源可从直接顾客、直接顾客和第三方顾客及第三方顾客来获得；企业的成本可由企业、企业和第三方合作者、第三方合作者以及零可变成本来支付。将表格中的内容两两相交，便可得出12种企业的赢利模式。

表2－1　企业的赢利模式

收入来源／成本来源	直接顾客	直接顾客和第三方顾客	第三方顾客
企业	赢利模式0	赢利模式1	赢利模式2
企业和第三方合作者	赢利模式3	赢利模式4	赢利模式5
第三方合作者	赢利模式6	赢利模式7	赢利模式9
零可变成本	赢利模式10	赢利模式11	赢利模式12

从表2－1中可以看来，企业的成本支付可以不由企业自身承担，可以转嫁给其他利益相关者。企业的赢利有可能不是来源于直接顾客而是第三方及利益相关者。依表所示，企业的赢利模式有多种，在规划企业的赢利模式时，关键是看企业能否合理地把其成本和利润进行有效转接。

例如，一些大城市的晚报，其内容越来越丰富，版面也越来越多，纸张、印刷、设计等成本也在不断攀高，那么为什么报纸却始终不见涨价呢？那是因为报纸利润的获得已经不是直接靠售卖报纸所得了，而是从在报纸上登载广告的客户那里获得。报纸已经把其成本和收入来源转嫁到第三方那里了。

在规划企业的赢利模式时，企业要想快速抓住商机，确定其赢利模式的收益点，就要找准赢利的切入点及进入方式。

现在我们所处的互联网时代，互联网公司所提供的产品几乎都是免费的，我们可以免费使用360的杀毒软件，免费使用腾讯的企鹅软件聊天，免费使用百度搜索引擎查询资料。如果它们直接对客户销售他们的产品，那么它们几乎无法维持生存，更遑论成为行业巨鳄了。

但它们抓住了赢利的收益点，如百度针对企业开放的广告竞价排名所得的收入占其收入来源的99%。

在规划企业的赢利模式时，还可以运用多种赢利模式进行优化组合。从表中我们可以看出，赢利模式有多种多样，把多种赢利模式排列组合，会取得更高的利润增长点。例如，快餐大王的麦当劳的赢利模式就有两种：直接卖出产品和房地产买卖租赁。第二种赢利模式更是其在美国的主要收入来源。

七、业务范围，构建经营系统

在企业圈定自己的经营范围，即做好企业的市场定位之后，接下来就需要通过一系列的动作来实现它。这一系列动作的完成，需要企业有一个与其市场定位契合的运行机制。这个运行机制包括企业的经营系统、关键的资源能力、企业的赢利模式和现金流结构。

其中，经营系统是构建商业模式的最重要元素。因为商业模式的成功与否，往往能通过企业的经营系统体现出来。例如，目前互联网企业的赢利模式大多是靠“网站流量＋广告收入＋短信收入＋其他”的模式来赢利。同样的赢利模式，有的企业却实现了持续赢利，有的企业却最终以倒闭收场，主要原因就是他们对自己企业的业务结构所做的调整优化不同。

社会是一个大的经济体系，它是由一系列的业务活动所创造的价值网络构成，而企业只是其中一部分业务活动的一个集点。企业的业务经营系统反映的是企业同其内、外部环境之间的互动关系，它包括工作系统、信息系统、实物的购进与卖出以及现金的投入与回流。企业经营系统的构建首先要确定企业及其利益相关者应该如何分配在企业运营过程中所要处理的价值网关系下的经营活动。

构建企业经营系统，首先要确定企业与利益相关者的关系。这种关系可能是租赁、合资、独资拥有、特许经营、控股或者订有一定条件的契约等。构建企业经营系统就是要确定企业与其利益相关者关系的类型，并依照此类型订立互动的内容、条款、规定以及互动的方法。这样有利于企业的良性发展，不至于让企业在考虑特定的经营因素的情况下，还要顾忌其他干扰因素。

构建高效的企业经营系统，要考虑企业的定位，如产品定位、市场定位、客户群定位等因素，鉴别哪些是适合企业的经营活动，并将其整合为一个系统。针对这个系统再结合企业的资源能力，来分配企业利益相关者的利益和其在经营活动中的角色，并最终确定这个经营系统的结构以及与企业价值链活动相关的关系。这样的经营系统是为企业量身打造的，将企业及其内、外部互动的一切活动纳入了一个统一的价值网络中。这个价值网络给企业的客户群、供应商及合作者做了明确定位，即他们应该在企业通过商业模式创造价值的过程中扮演什么样的角色。

建立一个良性的经营系统，还需要对企业所要进入的行业的周边环境与企业的相互作用做全盘分析，进行企业与利益相关者的双向选择。可以通过以下四个问题来确定双方是否契合：

第一，告诉对方我拥有的或我能从事的经营活动。

第二，企业将进入的行业周边环境可以为企业提供哪些经营活动。

第三，企业可以为处在同一价值网络中的个体提供哪些价值。

第四，告诉对方我用什么方法或手段可以将这所有的业务活动统一到一个有机的价值网络中，并让价值网络中的利益相关者得到他们所要的，实现共赢。

打造商业模式，企业经营系统的建立是其基点之七，是因为企业构建经营系统时是从全局出发来设计自己与企业利益相关者的关系的，它的目标是达到全局的成功，实现共赢。

八、拓展空间，完善合作网络

现代社会商业竞争越来越残酷，单一的赢利模式对企业来说风险太大，所以企业越来越向着多元化、集团化的方向发展，来拓展企业的生存空间。但一个企业的资源和能力毕竟有限，只有抱团取暖，构建一个完善的合作网络，企业才能走得更远。

俗语说："多个朋友多条路。"这句话，放在企业商业模式的运用上同样适用。一个企业多了一个合作伙伴，就拓展了空间界限，可能就多了一个利润增长点。在打造企业的商业模式中，如何帮助企业拓展空间，构建企业的合作伙伴关系网呢？

把商业模式解构为八个模块：客户细分、价值主张、渠道通路、客户关系、收入来源、核心资源、关键业务和成本结构。企业模式的创新可以从其中任何一个模块中进行，也可以把模块排列组合进行创新，只要商业模式得到了创新，那么企业会发生颠覆性变化，其空间组织架构和合作网络都会发生质的改变。

反过来讲，假如企业发展空间被拓展、各合作伙伴的资源被整合利用，也可能会引起商业模式某个点或环节创新的契机。所以，拓展企业生存发展空间，完善合作网络是打造商业模式的基点之一。所以，拓展空间，完善合作网络可以从以上八个模块任一模块出发。下面仅以渠道通路为例来做说明。

渠道通路的主要作用是让企业与客户沟通，通过渠道通路来接触细分市场，向其传递企业的价值主张。企业要把价值主张传递出去，首先就要建设渠道通路。例如，某外资企业进入国内市场推出其卫浴产品，计划要在一年之内占领卫浴市场一定的份额。该企业平常的宣传渠道只是通过网络、电视等媒体来做广告，效果虽好，但持续的广告投入占用资金量庞大。于是，在减少媒体广告投入的同时，该企业管理层决定尝试开发另一种渠道来同时进行宣传。经过反复讨论和联系，他们决定同其他五家家居行业的企业，即分别同生产家具、地板、瓷砖、寝具、橱柜的企业组成联盟，在上半年和下半年各举行一次为期半个月的家居采购活动，影响力很大。六家企业的品牌知名度迅速得到了提高，此外资企业顺利地进入了中国市场。

在此案例中，我们可以看到，该外资企业通过构建合作伙伴网，拓展了企业的空间，而且形成了一种新的商业模式，即联盟。这六家企业之间的产品没有任何利益冲突的地方，反而形成了产品互补优势。另外，六家企业在合作过程中，目标客户信息形成了共享，实现了共赢。比如，若有客户想要其中任何一种产品，这家企业可以同时向客户推荐另五家的产品信息，实现目标客户共享。

从上面的例子我们也可以总结出以下经验：在企业进行空间拓展、建构合作网时，对合作伙伴的选择要准确。这种准确体现在，一是企业的产品能形成互补、实现共赢。案例中外资企业对合作伙伴的选择把握很准确，选择的都是产品具有互补性的企业，如若有一家企业与该企业产品形成利益冲突，那么此六家联盟就可能不会成功。二是要充分调研合作伙伴的战略意图，企业是否可信。因为有的企业可能是想通过合作获得资源支持，有的可能是一种拖延战术，以赢得时间，取得竞争优势。三是合作伙伴之间的企业文化是否兼容。如果企业合作冲突、纠纷不断，那就不是合作了。

窥一斑而知全豹，观滴水可知沧海。总之，在商业模式的八种构造模块中，任一模块都可以实现拓展空间，构建合作伙伴网络，但在实施的时候，企业需小心谨慎。

第三章　一个中心七个关键点

一、中心——以客户价值为中心

一家企业是否能够长期赢利、持续地壮大发展，与客户从企业中是否能够得到较大的价值有着非常直接的关系。这也是商业模式中七个关键点中最为重要的核心要素。

以客户价值为中心就是在整个的商业模式中，要以客户价值最大化为核心点，综合其他关键点进行思考分析。如果一家企业的商业模式不能够满足客户的需求，或者没有将客户的价值最大化，那么，即使这家企业获得了一定的成功，在运营中走向了赢利，这也是暂时的、偶然的、不具有持续性的。如同街边做生意的小贩，售卖同样的产品，隔壁家的比他的更物美价廉，也许他通过做活动赚到了钱，但是，随着消费者对产品的深入认知与理解，渐渐地都会到隔壁消费，他的利润就会越来越低，甚至无法维持。

相反，如果一家企业的商业模式暂时是不赢利的，但是客户能够获得最大的价值，那么，客户就会逐渐增多。随着客户的增多，一方面企业可通过薄利多销的方式提升利润，另一方面可以开展其他赢利模式，为此，企业就会形成一种长久、稳定、持续赢利的发展模式。

所以说，在商业模式中，实现客户价值最大化是企业追求的主要目标。

如家酒店在这方面做得就非常成功。在如家酒店之前，我国很多中高档酒店的配置很是丰富，硬件和软件都非常到位。但是，很多软件服务都是需要收费的，为此，酒店的价位普遍比较高，住宿的人自然也比较少。

为此，如家酒店的经营者进行了大规模的市场调查，以便寻找到更好的商业模式。通过走访调查他们发现，大多数消费者对于一些中高档酒店的软件收费项目使用率非常低，很多人表示并不需要这样的服务。针对消费者这样的需求，如家快捷酒店很快做出了商业模式调整。将一些没有必要的、客户不需要的软硬件服务收费项目全部去除，在中高档酒店的基础上将一些核心服务进一步完善，然后以低廉的价格推向市场。

就单个客户对比，酒店的利润明显低了很多，客户得到的价值高了很多，表面看，如果按照之前的入住率，酒店的利润会明显减少。但是，当如家酒店推出这种具有市场竞争力的价格和服务后，深受消费者的喜欢。入住率不断攀升，分店在全国遍地开花，整体利润较之前翻了好多倍。

一个企业的商业模式包含很多方面，比如渠道模式、营销模式、品牌模式、研发模式、运营模式等。这些内容都会在下面的章节中讲到。我们在设计这些模式的时候，都需要以客户的价值为中心，围绕客户的价值最大化去创新或者调整一些模式，这会让整个商业模式更加优质。

格兰仕这个品牌我们很多人都听过，而且可能都在用，格兰仕在我国甚至全世界都占有很大的市场份额，在微波炉市场，可以说是“江湖盟主”。

在大多数人印象中，格兰仕微波炉除了具有过硬的品质外，最具有吸引力的便是其价格。为什么格兰仕能够在同行业中做到价格最低呢？最主要原因就是渠道模式的改造，而且改造渠道模式的出发点便是客户价值最大化。

为了能够让格兰仕微波炉走进千家万户，在品质、质量有保证的前提下，最好的做法就是降低价格。要降低产品价格，通常有两种做法，一是降低生产制造成本，一是降低渠道推广成本。为了保证产品质量，格兰仕选择了后者。

其实，当前消费者在购买很多产品的时候，价格普遍偏高，一个原因是在渠道推广中耗费了很大的成本。商品本身价格不高，但商家把渠道推广的成本加在商品上，商品价格自然就变得高了。举一个很简单的例子，我们经常会看到一些天价首饰，它们真的有这么贵吗？真的值那么多钱吗？某些首饰之所以会有那么高的价格，原因之一就是这些商品的店铺大都设在一些商业圈、繁华路段，这里寸土寸金，房租成本极高，商家将这些成本转嫁到了商品上，所以我们才会看到一些天价首饰。

当时，格兰仕要做的就是优化渠道推广模式，从而降低商品价格。格兰仕经营者在欧洲考察的时候发现，那里的小家电终端销售时都是垒起来卖，不像是我们国家很多小家电都是整齐划一摆起来，有着讲究的陈列。经过深入考察，发现他们的渠道模式和终端销售费用非常低。于是，格兰仕也采用了欧洲的渠道、销售模式，降低了产品价格。最终赢得了消费者的青睐。

在设计商业模式时要做到以客户价值为中心，就需要让客户以较小的成本获得同等的价值。从格兰仕这个案例中可以看出，一个产品的成本由很多因素构成，如设计成本、加工成本、渠道成本等。

成本就是费用，最终会以价格的形式体现在商品中。所以，要以客户价值为中心，就需要从这些增加成本的因素入手，在不降低产品质量的前提下，降低一些不必要的成本，从而降低产品价格，提高产品竞争力。

以上这两个案例充分说明了商业模式中以客户价值为中心的重要性，格兰仕微波炉以消费者为导向，调整商业模式，去除了一些没有必要的成本，从而降低了产品价格；如家快捷酒店以客户价值为中心，去除了一些客户不常用的硬件和软件服务项目，降低了价格，赢得了消费者的青睐。所有这些，都是企业商业模式中以客户价值为中心调整商业模式的成功案例。

当前，有很多企业盲目地追求优质的终端渠道，增加一些没有必要的商业项目，增加了成本，提高了价格。导致一些商品的自然属性丧失，从而丧失了市场竞争力。同时也破坏了商业模式的长远性。

商业模式不是纸上谈兵，它是通过对市场的深入观察、分析，对客户需求的现实了解，以客户价值为中心的战略制定或调整。客户是企业存活的根本，任何商业模式离开了客户，都将变得毫无意义。

二、关键点1——持续赢利

是否具有持续赢利能力是成功的商业模式中的七大关键点之一，也是一个企业生存和发展的关键。它关系到这个企业能否继续吸引投资者投资和企业能否有持续、稳定的资金来保证企业在一定程度上避开外部环境，如经济波动等因素的影响而可持续地发展。

企业要想获得持续赢利，就得具备持续赢利的能力。企业持续赢利的能力取决于四个条件：

第一，企业所处行业的生存、发展环境和该企业在此行业中的地位。河南思可达光伏材料有限公司在光伏行业内是河南省内乃至全国的明星企业，其公司生产规模、技术水平和经济效益都处在行业前列。如此强大的综合竞争实力让思可达酝酿着要在2012年上市，但最终结果其IPO申请却被驳回。一个最致命的原因是光伏行业的前景黯淡无光。

首先是美国对中国光伏企业提出了反倾销调查，接着欧盟和印度也纷纷发起反倾销调查，一旦调查成立，我国光伏行业将面临大量企业倒闭、资金周转困难的现状。其次是光伏行业内部的盲目跟随国际市场动态，产能过剩、恶性竞争频发，大量企业业绩不佳。另外，还有PE机构退出带来的压力都给光伏行业的前景罩上了乌云。

因此，思可达终因行业前景可能会造成企业持续赢利不稳定而上市失败。思可达企业的案例只说明了企业所处外部环境中的一种因素对企业赢利的影响，还有多种其他复杂因素，如政府政策、某项影响行业走向的技术革命等。企业的外部环境复杂多变，经营者一定要对各种不利因素进行审查，避免影响到公司的持续赢利能力。

第二，企业的赢利模式和运营活动是否确定、稳定或者具有独创性。从企业商业模式来看，企业的赢利模式、运营方式、组织结构等是否是其他公司不易复制的，是否与公司的实际发展相符合，是否顺应市场发展趋势等，这些方面决定了企业能否快速高效地赢利。例如，某计划上市的公司所处行业竞争非常激烈，它在行业中综合竞争能力并不突出，打价格战术使其毛利率逐步下滑，但其在募集到资金后却还是把资金投向原有产品的项目上继续扩大规模，不思改变，同时其在原有公司基础上的市场拓展能力、营销策略以及相关的人力资源与其现在的规模扩张不能相匹配，其企业的可持续发展自然不能实现，更别说持续赢利了。

第三，企业的赢利渠道是否多元。如果一个企业单一、过度依赖一个大客户、一个市场或者某项政府的优惠政策，那么一旦这个单一因素失去，企业将面临危机。例如，某高科技技企业主做智能芯片研发、维护、销售和服务。但公司多年来的收入来源一直靠有限的几个大客户。与A客户公司的业务占其销售总额的38%，与B客户公司的业务占其销售总额的21%，仅这两个客户就占共营业收入的一半还要多。更大的问题是，这两个客户并不稳定，有时A公司会出现在大客户名单中，有的年份却并没有出现。这种突击式出现的客户并不能为公司带来持续的利润。

第四，企业的实施管理能力是否到位。实现持续赢利是企业运用商业模式的结果。这个结果的出现，是与企业的经营管理和不打折扣的执行力来实现的。再好的商业模式如果没有去执行也是零。

通过以上分析，企业如何实现持续赢利也就了然于胸了。在商业模式中，企业在设计赢利模式时就要着重考虑以上条件，让企业在发展过程中避开各种雷区，实现持续赢利、持续发展。

三、关键点2——系统化

对企业来说，资金是企业的根本。没有资金，企业就无法生存，也无法发展，更别提壮大规模了。所以，资金对所有企业来说都是无法绕开的障碍。谁能提供资金，谁就解决了企业立身的问题。在商业模式中，为企业寻找资金来源，即融资，而把得到的资金及时用对地方获得价值，即为融资的有效性。融资有效性是商业模式能否良性运作的关键。

商界融资有效的案例很多，如江南春的分众传媒。2003 年分众传媒成立之后，其最大的竞争对手是聚众传媒。因为两者的主要收入都是广告费，且获取方式都是在楼层电梯内发布广告。彼此要想战胜对手，就要扩大广告载体的覆盖面，即争夺楼层资源，而这需要雄厚的资金来做支撑。

因此，谁能先一步融资到位，谁就抢占了市场。分众传媒在之后的两年陆续融资 5000 万美元风险投资，并在美国纳斯达克上市。充足的资金保证了分众传媒的市场占有率，一举击败聚众传媒成为行业内楼宇广告的龙头老大，这与其成功的融资模式是分不开的。

企业需要融资来发展壮大，但获得资金后不能用在合适的地方也不是有效融资。曾经著名的巨人集团便是例证。1992 年巨人集团决定建巨人大厦，计划盖 38 层，工期两年，工程预算金为 2 亿元。当时巨人集团总资产有 1 亿元，还有几百万的流动资金，其集团产品年销售收入可达 5000 万元，而且当时房地产热刚刚兴起。还有 1 亿元资金通过卖楼花可拿下。因此，此方案可行。

但是，后来又临时改案，把大厦楼层改为 70 层，工程预算达到 12 亿元，工期达到 6 年，巨人集团房地产是个热门产业，公司收入稳定，觉得筹到这点资金不难。但其实，在大厦动工后，总共才筹集到了 2 亿元，没有向银行借贷，其集团产品又因种种原因而失败停产，又加上几次天灾导致工期拖延，资金损失严重。巨人这时向银行申请贷款，但因国家宏观调控等因素未能成功，最后因为近千万元的资金缺口，这个巨人轰然倒下。综观巨人失败的原因，从融资角度可总结如下：

第一，过分依赖内源融资。内源融资是指企业利用自己所得利润转化为资本投资。巨人集团以自己集团产品销售成绩不错且卖楼花形势乐观而放弃向银行贷款，仅用自身资金来保持项目运作，尤其是资金需求量较大的房地产行业，其资金的供应没有完全得到保障。在市场经济下，融资也要考虑融资风险，过分依赖单一融资渠道显然并不可取。

当然，并不是说内源融资不重要，相反，内源融资对国内的大部分中小型企业来说是一条重要的融资渠道。内源融资资金到位快，利用率高，融资风险小。但对于一些大型企业和项目来说，多元化的融资渠道和方式可分化融资风险，更能保障资金的供应。

第二，融资时机不对。向银行申请贷款，从银行评估到结束放款，时间相对内源融资来说较长，而巨人集团在资金面临危机时才向银行求助，即使审批下来，有没有错过最佳时机还得另说。

第三，资金利用不充分。巨人集团因为几次天灾和工期的拖延，其一部分资金完全用在了弥补公司的损失上面，用在项目的运作上的自然变少。资金利用很不充分。

第四，企业的管理机制缺乏监控。企业采用什么样的财务政策，关系到企业的生死存亡。在巨人集团中，史玉柱独占90%的股份，公司的决策几乎是其个人的一言堂，企业缺少制约企业领导人的权力。在决策之前，公司的财务部门没有对项目进行过合理、科学的可行性分析而直接拍板定案。这是公司运营大忌。

这是巨人集团在融资有效性方面的四个失策。前事不忘，后事之师，企业在进行融资计划时要注意这方面的问题，进行科学、可行的融资筹划，提高企业的融资有效性。

四、关键点3——高效运作

高效运作是企业快速化无形资源为有形价值的手段，是企业形成竞争优势的重要砝码，也是决定企业能否赢利的标志之一。

A公司为灯饰电器公司，在企业刚起步时，由于企业规模较小，员工不多，产品单一，业务信息也相对简单，企业运转良好。随着企业不断发展，其规模日益壮大，涉及的领域也逐渐加宽，各种待处理的信息越来越多，公司组织结构越来越复杂，部门内部之间各自为政的现象屡见不鲜。公司传统的管理运作模式已不能适应企业的快速发展，公司的管理效能和运营效率大大降低。那么该公司该如何提高其运作效率呢?

从案例可以看出，该公司要想提高企业运作效率需要从三方面来改进，即完善管理制度、提高管理层的运营能力、进行企业文化建设。

随着市场竞争的日益加剧，A公司的内外部环境发生了深刻变化，在信息化管理在企业中几乎已普及的今天，该公司那种手工式的管理模式已经成了企业高效运营的绊脚石。A公司必须建立起一套完善的管理制度，使企业内部统一化、条理化、效率化。如规范公司业务流程，把从采购、销售到客户管理、合同管理到财务管理再到售后服务等业务链条删繁就简，清晰明了。格力电器总裁董明珠女士曾说过：“管理只有一种，就是制度。”“没有规矩，不成方圆”，有了制度，企业员工才知道自己该干什么，如何干好，才能权责分明，效率集中。

完善的管理制度想要发挥作用取决于执行。我国大多数企业尽管已经有了完善的管理制度却还是没达到企业想要的效果，归根结底是在执行力上打了折扣。总有一些人凌驾于制度之上，拥有特权。所以，A公司在进行改革时要严格做到以制度管理，减少特权阶层，这样有利于企业长期稳定发展。

A公司存在的问题之二就是企业内部沟通不良。A公司涉及领域不断加宽，其组织架构和分工也会越来越细，同时企业的信息也越来越多、越来越复杂。老式的管理方法使各部门间庞大、复杂又零散的信息的共享变得困难，肯定会造成工作迟滞。同时，由于信息不能共享，相对孤立，公司管理层不能及时掌握工作进展情况，无法做出有效的管理决策。A 公司可以引进信息化的管理手段，创新沟通，及时处理公司运营中的种种问题，提高运营效率。

企业的运营需要依靠制度，而企业要想高效运营却取决于企业管理者的能力。A 公司存在的第三个问题是缺乏企业运营的优秀管理人才。公司规模扩大，企业面临集团化转型，在新的组织架构中，企业内部却没有合适的人来担当大任。如果外聘经理人，短时间内对公司的运作会准备不足。所以 A 公司应该加强人力资源的管理，从企业内部培养管理人才，这样才能在任何时候都能保持公司的高效运作。

A 公司存在的最后一个问题就是公司企业文化建设不到位。A 公司各部门之间各自为政的现象就说明了这一点。循序渐进的企业文化会在无形中影响员工的思想和价值取向，进而影响员工的做事方式。优秀的企业文化往往能给员工心里注入积极向上的价值观，通过内化让员工提高工作效率。所以，要想让企业高效运作，营造出积极正面的企业文化氛围，也是关键之一。

总之，制度、沟通、管理层的运营能力和企业文化建设在企业运营中环环相扣，缺一不可，决定着企业的运营效率。企业如果做好了以上四点，那么企业的高效运作便指日可待。

五、关键点 4——资源整合

在当今社会经济、技术日益发达的形势下，人们的生活水平越来越高，对事物的需求也越来越细，越来越多样化。企业要想准确、快速地满足客户的需求，为客户创造价值，资源整合是最有效的手段。

企业的资源整合是指把不同结构、不同层次、不同网络、不同内容等一切企业掌握或可利用的资源进行取舍、优化配置，使这些资源不再千头万绪，而是一个有条理的、系统的有机整体，便于被企业综合利用，达到1 +1 >2 的结果。

例如，在城市白领中家喻户晓的携程旅行网。“要旅行，上携程”，携程网把互联网和传统的机票订购、酒店预订、旅游资源整合在一起而成就了一个成功的旅游超市。客户想去旅游，在携程网上几分钟之内，就能安排好吃、住、行、游、购、娱的一切事宜。携程网在短短几年内就获得巨大成功，其对资源整合的成功运用是关键。

资源整合在商业模式中必不可少，它对企业来说具有重要作用。通过资源整合，可以提高企业的价值，增强企业的市场竞争力。把企业的内、外部资源，新、旧资源，单一资源和组织资源进行有效的整合后，企业可以充分发挥这些资源的效能从而为企业创造新的价值。

例如，某汽车4S 店为提高其绩效，而成立了一个汽车联合俱乐部（UAA）。这个俱乐部整合了汽车产业链中几乎所有的领域，除了4S店原本提供的销售、维修等服务外，它还为车主提供道路救援、汽车租赁、保险等业务。这种一站式解决有关汽车所有问题的综合服务平台很受欢迎，会员数量增长很快，让这家俱乐部仅保险一项的年收入就相当于国内某些大型保险公司的年业务量。

通过资源整合，企业可以提高自身的竞争力。但并不是说，只要进行资源整合企业就一定能成功。企业的竞争优势属于那些善于进行资源整合的企业，而不属于那些拥有优势资源却不进行整合或盲目整合的企业。企业的竞争优势来源于对企业的资源整合能力，整合能力越强，优势就越强。也就是说，在对企业资源进行整合时，要采取一定的方法、策略。那么企业该如何进行资源整合呢？

首先，要对自身拥有的资源全面掌握。自己有哪些资源、哪些资源可以摒弃、哪些资源可以相互融合、这些资源都涉及哪些方面，利用这些资源可以做到什么，即对拥有的资源有一个判定的结果。

其次，企业视野要宽阔，信息要灵通。社会分工越来越细，服务种类越来越多，这使得企业必须利用各种渠道去了解、掌握与资源相关领域的最新动态，及时地运用在资源整合当中。

再次，利用资源选型。利用已有资源给企业划定发展的方向，做出战略调整。

最后，资源整合的实施。根据企业的发展战略把各项资源整合落到实处，把资源转化为企业新的价值。

资源整合是把企业的资源配置和客户的需求完美结合，使企业的核心竞争力进一步凸显，与商业模式中以客户为中心的思想完全契合，它促进着商业模式这个有机系统的良性循环，是商业模式成功的关键之一。

六、关键点5——核心竞争力

什么是企业的核心竞争力呢？核心竞争力就是企业所拥有的优于竞争对手的资源和能力，这些资源和能力是企业获取利润，持续生存与发展的能力，具有独特性，无法简单模仿也无法直接购买，其外在表现形式为企业能够把握商机、控制风险的能力。

由此可以看出，企业的核心竞争力是企业持续发展的关键。核心竞争力在商业模式中如此重要，那么，如何构建企业的核心竞争力呢？

日本的NEC现在已是世界500强的跨国集团，它从一家合资企业发展到如今的行业巨头，NEC在完成从合资企业到独立自主的公司之后，在20世纪60年代，小林宏治出任NEC的社长，他将计算机和通信定为公司的主营方向，并不断加强企业管理，一改合资企业时管理混乱的弊端，明确确立了NEC的发展目标。

于是，NEC开始快速发展。1965年，NEC自主研发以随机多功能取样的卫星通信方式，并在中国台湾开设了NEC的第一家海外企业；1967年，半导体元器件的生产被定为NEC的一项基础事业；1972年，NEC在北京建立移动卫星地面站，并开始全面的质量竞争；1974年NEC成为在日本排名第一的半导体公司；1976年，NEC开展了以市场为导向的成本降低战略……1987年，NEC在世界范围内首次发表了4G位的DRAM（即我们现在常见的系统内存）。

在NEC一步一个脚印取得一项项荣誉的时候，它也渐渐走向了世界。1990年，NEC在世界上首次使用了ATM实用型的交换系统；1991年，NEC研发并首次销售了彩色液晶笔记本电脑；1993年，NEC在开发出256M的DRAM，这是世界首创；1994年，世界最高速度的32位RISC微处理机由NEC研发出来……1998年，世界最高速的超级电脑由NEC发布……1999年，NEC设立其经营革新委员会并发表了第三代网络解决方案……2003年，NEC在中国成立研究院，其超级计算机以其高运算速度蝉联全球超级计算机500强榜首。

从NEC的发展历程来看，尽管这只是一个简略的年代事件列表，但还是能从这些事件中隐约看出支撑NEC核心竞争力地位的几个关键点。首先，我们看到的是一项项技术创新和NEC品牌的逐步扩张；其次，我们可以看到随着技术创新，NEC企业在海外的扩大，包括人力资源的开发和企业的建设等。这两点在NEC案例中非常突出。但我们更应该看到，在其核心竞争力的构建中，最重要的是其精细高效的企业管理。从小林宏治接手 NEC 以来，它的发展方向和经营策略一直明确，NEC 的成功更是验证了这一点。

从 NEC 的案例来看，成功的企业并不只是靠一点或两点的核心竞争力而达到企业的持久优势，而是企业在其独特的内、外部环境和管理理念之下，经过长期的磨合、协调而形成的一项整体综合实力，涉及企业的方方面面，而其被外人称道的那一点或两点强项是企业发展的着力点。从这个角度出发，企业构建核心竞争力可以从以下几个方面入手。

第一，建设企业的基础层面。这个层面包括企业的文化建设、经营理念、企业价值观、对外展示的形象、特色及人力资源等。这个层面的建设主要是为企业核心竞争力的形成提供必要的基础和保障。

第二，建设企业的“载体”。载体，顾名思义，起支撑作用，主要包括企业的组织结构、管理机制、企业规模、战略决策、品牌、企业的价值关系网络等，这是为企业核心竞争力的形成和发挥作用提供平台。

第三，建设企业对外的桥梁。这个桥梁包括企业所提供的服务、产品的质量，展现的技术实力和能力，企业的营销力量，收回成本和获得利润等，主要是把企业的核心竞争力实物化、价值化。

总之，企业具有了核心竞争力才有了获取利润的能力，核心竞争力是商业模式构成的重中之重。

七、关键点 6——风险控制

任何事物的发展都有对其不利的方面，这是无可避免的。企业也不例外，绝对没有风险的商业模式绝对不存在。企业面临的风险有来自其外部环境的，如受到国家某项政策的影响、法律的局限或者行业的压力；企业内部也有风险产生，如资金流转不畅、人才流失或者企业的核心竞争力优势地位降低等。

在面对这样一系列的风险时，一个运转良好的企业，一个设计成功的商业模式要有控制风险的能力。那么，什么是风险控制呢？如何对企业的风险进行控制呢？

风险控制，是指企业的管理者采取各种措施、方法和手段来消灭或减少风险的发生率或降低风险发生后造成的损失。主要有四种方法可供控制风险。

第一，回避风险。回避风险是指企业有意识地放弃引起风险的行为，完全地避免风险带来的损失。例如，银行贷款给企业也是有一定的风险，这笔贷款可能因为企业经营不善而不能按时收回。为了回避这种风险，银行就放弃贷款给企业，当然同时银行也就少了收益。显然，这种回避风险的做法是一种消极的处理风险的办法。

任何商业赢利行为都是伴随着风险而生的，企业不能因噎废食。当企业选择回避风险时，一般是有特殊情况存在，比如可以用另一种途径达到同样的目标，且这种途径风险更低；或者是企业对消除或转移风险无能为力，如国家出台有关政策、法律明令禁止的；或者是企业承担不起风险造成的后果或得不到足够补偿。

第二，控制损失。控制损失是在风险发生前采取措施降低风险发生的概率，风险发生后消除或尽量降低风险带来的损失。控制损失又分为损失预防和损失抑制两类。何时采用损失预防、何时采用损失抑制又和企业的现时成本与潜在损失有关。若潜在损失要高于现时成本，即高于现在采取预防措施所投入的成本，就应选择损失预防。反之，则选择损失抑制。

第三，保留风险。保留风险即企业主动承担此风险，以可以利用得到的任何资金为风险造成的损失埋单。这又分两种情况，第一种即风险发生前，已经通过各个途径正确分析或计算到风险可能造成的损失的规模，预先留一部分资金购买保险以补偿风险发生后的损失，这种情况叫作有计划自我保险。第二种情况是无计划自留风险，即不在风险前留出资金购买保险或其他预防补救措施，而是觉得风险带来的后果企业可以承担，比购买保险要合算。这种情况带有一些侥幸心理，应当谨慎使用，因为一旦结果超出预期，可能把企业陷于资金周转不灵的境地。

第四，转移风险。顾名思义，转移风险就是指企业把可能面临的风险全部或部分转移给另一方的行为。这是企业最常用也应用最广的一种风险控制方法。转移风险一般通过合同或保险的方式来实现。比如，一个人想要投资一个项目，回报很高，但风险较大，为了转移风险，他可以多找几个投资人签订合同，共同投资，把全部的风险转移出一部分。

社会在进步，科技在发展，企业面临着各种各样的风险因素，企业的风险控制措施也不只以上四点，在企业发展过程中，企业最需要做的是高度重视风险控制环节，完善企业的各项制度建设，不断总结、发现新的控制风险的措施，为企业可能到来的或已经造成的风险做防护、空出一条缓冲带。

八、关键点7——合理避税

商业模式的终极目的就是要为企业创造价值，获取利润。在营业收入不变的情况下，企业的利润和成本之间成反比关系，成本低了，利润自然就高。所以降低成本是公司提高利润率的途径之一。而在公司的成本构成中，税收又占了很大比例，企业受追求利益最大化的驱动，进行详细的税务筹划，最大限度地合理避税成为成功的商业模式的关键点之一。

合理避税是企业通过合法的手段和方式来减少企业所缴纳的税款，与偷税、漏税有本质上的区别。由于国家税制或地区差异，在某些地方会出现“真空区”，合理避税是通过利用有关税法的漏洞来达到少纳税或不纳税。

合理避税有着积极的意义。

首先，合理避税为企业减轻了负担，节约了成本，为企业增强了市场竞争力。合理避税究竟能为企业带来多少资金优势呢，我们来看一下史上最成功的合理避税案例。

江中药业是国内 OTC 领域的巨头，但其生产区的用地却是一直在租赁其控股股东江西江中制药有限责任公司名下的湾里区土地。但自从 2003 年以来，全国土地价格一直看涨，租赁费用也一升再升，为了进一步完善其作为上市公司资产、业务的独立以及减小租赁资金上的考量，江中药业确定要收购湾里区的土地。有两种方式可供江中药业收购这块土地，要么直接受让土地，要么受让土地使用权对外投资成立的公司的全部股权。第一种方法简单直接，第二种方法烦琐复杂，而江中药业却选择了第二种方法。为什么呢?

因为江中药业选用第二种方法可以合理避税 1 亿元！湾里区土地当时市值 3 亿多元，如果江中药业直接购入的话，需要缴纳土地增值税、印花税等一系列税款，其税额高达亿元。而江中药业以收购股权的方式获得湾里区土地使用权则只需向产权交易所缴纳几十万元的费用即可。几十万和近亿元的资金差距，需要企业付出多大努力才能获得这样的利润。而只要改变一下做事方式就合理规避了下来，不能不说合理避税蕴含的能量让人惊讶。

其次，合理避税使企业在制定经营策略时更加完善。合理避税需要企业进行详细的税务筹划，这就要求企业的财务部门甚至企业的管理层从战略的角度进行更完善的布置，特别是在公司经营策略的调整上。例如，某中国钢铁企业要进口 5 万吨铁矿石，现在有两个进货渠道，加拿大和澳大利亚。澳大利亚提供优质铁矿石，每吨价格 20 美元；加拿大铁矿石质量次一点，每吨 19 美元。但加拿大到中国的航程是澳大利亚到中国航程的两倍，运费分别是 25 万美元和 10 万美元，而且都要缴纳 20% 的关税。算下来，还是从澳大利亚进货比较划算，货品质量好且相比从加拿大进货可避税 1 万美元。

企业进货渠道的选择，不是财务部门的工作，尤其是影响公司发展的长期合作伙伴的选择，这是企业管理层在制定企业经营策略时所要慎重考虑的。

再次，合理避税在客观上可以促进国家税收制度的健全。企业能够成功合理避税，说明国家税收中的一些政策或税法或税务工作中有漏洞存在，通过研究企业的避税行为可以对现行的税务制度进行修正。

合理避税的途径有很多，主要有三大类型：运用筹资方案避税、运用投资方案避税、利用成本费用避税。在这三大类型之下又有其他小的分类及具体操作。这需要企业精心筹划，一方面要聘用精通税法的人员来为企业进行税务筹划，另一方面企业也要提高自己的税务知识，做到不多交税。

第四章　商业模式是设计出来的

一、深入分析你的客户

商业模式关系着一个企业的成败与否，因此，商业模式的设计就显得尤其重要。那么进行商业模式设计的方法或者思路是什么呢？

前面讲过，一个企业能否赢利，与客户能否在企业中获得较大的价值直接相关，所以深入分析客户是进行商业模式设计的第一种方法。

很多企业很重视其产品的市场研究，这无可厚非，但如果过分专注产品而忽略了客户的诉求，就得不偿失了，客户的观点是商业模式设计中必不可少的一环。企业的商品是为客户服务的，所以在进行产品设计和服务时要深入了解客户所处的环境及其与周围相关的网络、客户最关心和希望的是什么等。

这里一个最经典的案例就是 20 世纪 60 年代日本三菱重工财团通过一张刊登在杂志封面上的王进喜的照片而拿到中国石油开采设备的订单的事情。

1966 年有一期《中国画报》上刊登了“铁人”王进喜站在大庆

油田钻机旁的照片。三菱重工的信息分析专家通过王进喜所穿的衣服和文章对其事迹的描述确定了大庆油田的位置。因为只有在中国东北部寒冷地区的石油工人会穿厚棉被和戴大狗皮帽；又通过杂志对王进喜的介绍：他和工人们用肩膀把沉重的设备运到油田，说明油田距铁路线很近。这两点信息放在一起确定了大庆油田的位置。接着，日本方面又通过照片上王进喜所立的钻台上的手柄，推断出了油井的直径；通过照片上远处的油井和王进喜所立油井的距离推断出了油田的大致产量。

最后，三菱重工的信息专家推断："中国在近几年中必然会感到炼油设备不足，买日本的轻油裂解设备是完全可能的，所要买的设备规模和数量要满足每天炼油一万吨需要。"于是，三菱财团以最快的速度设计出了符合中国大庆油田的石油开采设备。在我国政府不久之后向世界寻求开采大庆油田的方案时，日本人一举夺魁，赚取了巨额的利润。

深入分析你的客户时，要懂得取舍。公司的产品定位、市场定位确定了公司未来的利润增长点在哪里。要重点听取新客户的意见，尽力满足新客户的诉求。例如，现在的手机市场，手机的各种功能层出不穷，主要就是满足年轻人的喜好；通信公司提供的一系列手机增值服务也主要是针对这些年轻的新加入的用户。

在进行商业模式设计时，如何深入地分析客户，有一个简单有效的方法——使用客户移情图。客户移情图由 Xplane 公司开发设计，主要作用是可以细分企业的客户群体，描述这些细化的客户群体的特征，更好地收集有关客户的环境网络、行为、关注的焦点和愿望等信息，如图 4 - 1 所示为一个公司把一种女性口服液推销出去所做的客户移情图。

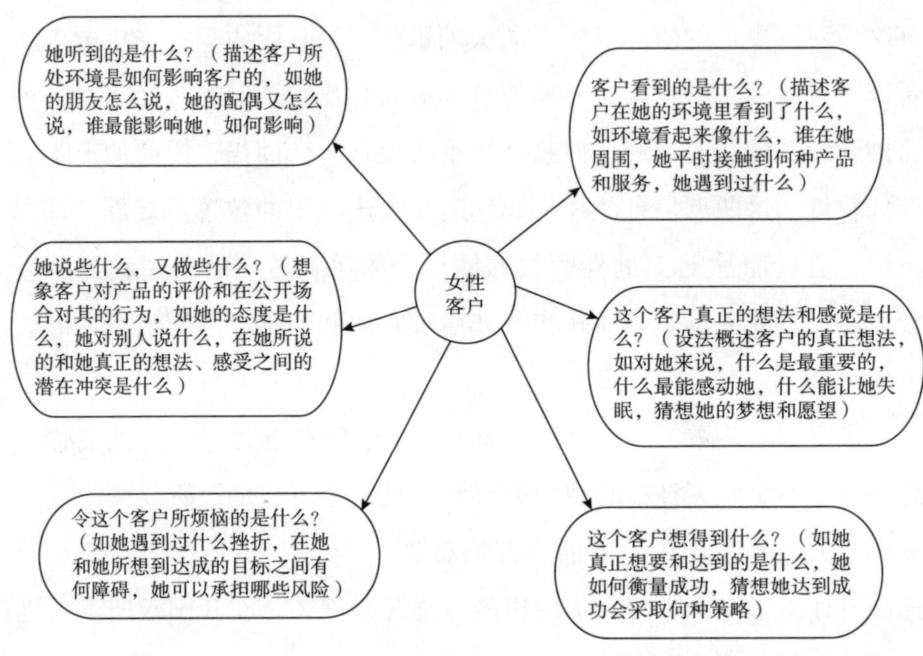

图 4-1 客户移情图

运用客户移情图可以让企业一目了然地理解细分客户的需求，更好地进行商业模式的设计，防止自己的客户“移情别恋”，让别人的客户移情到自己。

总之，深入分析你的客户，就是要深入分析客户潜藏在表象下的心理活动，不断发展新客户，建立企业忠实的客户群。

二、超前的创意构思

复制一个已经存在的商业模式并不困难，困难的是创造一个新的商业模式。新的商业模式是一个从无到有的过程，需要人们大胆想象、集思广益，最后再筛选出最好的创意用于商业模式的创新设计。

我们前文讲到过，商业模式的创新往往都是颠覆性的，一反旧有的、传统的思维模式，独辟蹊径。所以，新的商业模式往往与旧的商业模式联系不大，或者说，企业新的商业模式的设计要参考的过去的经验比较有限。商业模式的创新设计是为了企业在未来能以绝对性的优势创造价值和利润，它的目标是满足未被满足的、新的和潜在的客户群的诉求，所以它也不能简单复制竞争对手的模式。因此，新的商业模式必须加入全新的、打破传统的创意。

如何生成超前的创意构思呢？我们知道，商业主要由客户、产品和服务、基础设施和财务四块组成。这四个基础模块又可细分为客户群、企业的价值主张、渠道、客户关系、赢利来源、核心资源、关键业务、公司成本结构和合作伙伴等九个商业模式构造块。我们在生成创意的时候可以以这四大模块九个商业模式构造块为基点进行创新。每一个点的创意都会引起其他八个点不同程度的改变，从而影响或者产生新的创意。

例如，以财务模块的创新为例。财务创新是由赢利来源、公司的成本结构或定价机制来驱动的。财务模块的创新同样会影响其他模块的改变。绿山全自动咖啡机公司，从名字上来看，它是一家以销售咖啡机为主要业务的公司，但事实上，它 3/4 的收入来自与咖啡机相配套的用来喝咖啡的 K 杯。咖啡机的价格只有 100 美元左右，是以成本价在销售，根本没有什么利润，最赚钱的是 K 杯。2008 年，绿山咖啡机卖出了 98 万台，但 K 杯卖出了 10 亿个！每个 K 杯的利润是 0.5 美分！

以资源模块的创新为例。我们知道亚马逊是全球最大的电子商务运营商，其线上零售业务是其企业的主要收入来源。但维系这样庞大的电子商务系统需要一个强有力的IT支持系统，亚马逊经过不断的投资和研发拥有了一个强有力的数据处理服务系统。在电子商务领域有越来越多的企业上门求助亚马逊对其进行IT服务，于是，亚马逊逐渐成为电子商务领域内重要的系统提供商。这也成为其一个新的利润增长点。

这是从商业模式的基本构造来分析商业模式的创新问题，还有另一种方法也可对商业模式进行超前创意构思，那就是用“假如”的提问方式。

创意是想象力的结果。但我们大多数人有时候会因自己眼界或知识局限了自己的思维，发挥不出想象力的作用，那么该如何克服呢？

利用“假如”来向传统和现有的局面发出提问式的挑战，再加上对商业模式构造模块的正确认知，就可能碰撞出灵感的火花，生成可行的创意。“假如”只是商业模式进行创新的开始，它有可能现在或在很长一段时间内得不到答案，但也有可能在现有的条件下通过一项正确的商业模式变成现实。

例如，乘飞船登月球似乎只是科研人员的特权，但现在你只要花费一定数额的金钱就可以飞向月球；自从电话发明以来谁能想象得到有一天语音通话会在全球范围内免费使用？Skype 公司在 2003 年推出了这一服务，让其注册用户通过网络进行免费的全球通话。现在 Skype 的注册用户超过了 5 亿人次，通话次数更是难以计数。

只有想不到，没有做不到，正是人类的超前想象力和创意指引着社会科技前进的方向。每一次全新的创意都会带来商业模式的变革，带来财富和机遇。拥有超前的创意构思是进行一切改变的前提。

三、更加“直观”的思考

商业模式设计的第三种方法就是“更加‘直观’的思考”。所谓更加“直观”，就是指用能够看得见的方法，如用图画、表格或其他工具，如便利贴等，让人一目了然或者以易于逐步理解的方式来进行商业模式的设计。

我们前面讲过，商业模式的构成因素可以分为四大驱动因素，九个构造模块，它们之间相互联系、相互影响又相互制约，关系复杂。有时仅仅通过书面的描述难以让人对商业模式的构成要素及其关系有一个直观的印象，而且在进行商业模式设计时，这些构造模块之间的某一项联系可能被忽略过去，从而影响有效的商业模式的创立。

所以，用一种直观的、能清楚看到各个构造模块之间的联系的设计方法就显得很有必要。这种能让人更加“直观”的方法可以通过以下两种方式来进行。

比如便利贴式的方法。把企业的现有模块以便利贴的形式粘贴出来，根据企业的目标和现有资源针对其中某一需要进行创新或可能进行创新的模块进行讨论或设计，把每一步过程一张一张地粘贴上去，让人对此商业模式的建立有一个直观的认识，在视觉上可以补充给大家更多的信息。

以一个简单的案子为例，苹果公司现有的赢利模式为：“软件+硬件+服务+商业生态”。它现在的目标是向图书出版行业发展，如图4－2所示。在企业一步一步的商业模式构建中，我们能清楚看到苹果是如何完成了对传统图书出版行业的改造。

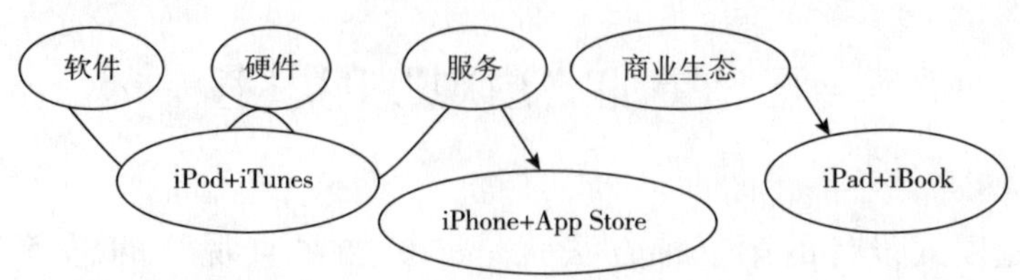

图 4-2　苹果公司的赢利模式图

以上是单纯的便利贴式的用法，还有一种是结合商业模式总构成的略图加上适当的文字描述来进行商业模式的设计。如图 4-3 所示为《中国好声音》节目用图表加文字的形式向其投资人、合伙人及员工讲述企业发展模式的图解。这样直观的方式更具体，易于让人理解，接受度较高。

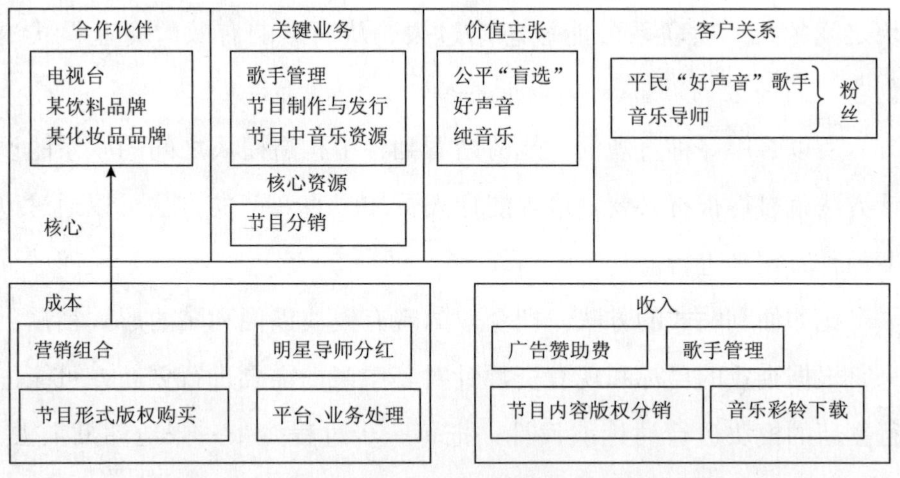

图 4-3　《中国好声音》节目发展模式图

这是使商业模式的建立更直观化采用的两种思路，具体的操作过程还要更复杂一些，如通过视觉即直观化来改善思维的四个过程：理解、讨论、思考、交流观点。根据企业目标的不同，这种直观地来呈现商业模式的方法可以把不同层次的细节表现出来。

通过这种直观的方法，可以把商业模式中某些隐形的假设变为明确的信息，让商业模式的设计更具有方向性和目的性，在针对其进行讨论或改动时也更容易。这是在进行商业模式设计时比较有效的一种设计思路。

四、原型引导制作

商业模式设计的第四种方法或者思路就是利用原型引导来进行商业模式的制作。就像西方的一句谚语所说：Start with the ending mind. 即在脑子里已经有了一个模型，有了一个假设的潜在的成功商业模式案例，通过讨论、调查、探索出新的创意。这种方法与“更加‘直观’的思考”方法一样具体，让创新商业模式这个概念更形象。

这个原型可以通过排列组合商业模式构造模块来搭建，也可以模拟财务运作的电子表格的形式来表现。这个原型只是一个理想的草图，并不是真正的商业模式图，只是一个开发思维的工具，帮助我们从不同的方向和角度去探索企业的发展方向。比如，把其中一个模块去掉对商业模式来说有什么影响或变化？对产品进行创新与开发新的市场对商业模式来说哪个更具有操作性？等等。

商业模式的原型搭建具有不同的层次，可以是一张 A4 纸就可以装下的简图，也可以是具体到每一个细节的商业模式各构造块的排列组合，还可以是一种已经处在实际运作中的成型的商业模式。商业模式原型的搭建是以企业的实际情况为依据的，与企业的目标有关，也与如何实现这个构想有关，如你可以通过不断地排列组合或添加或删除模型的相关构造模块来找到一种新的，或者对于企业现状来说是荒谬的、不可能实现的构想来达到原型的效果。在这个过程中会有新的创意、想法碰撞而出。

例如，某图书出版公司已有30多年的历史，一直致力于纸质图书和一些音像制品的出版。但最近几年图书的利润大幅下滑。通过调查发现，除了一些中等年纪的人还习惯于纸质书籍之外，年轻人喜欢更方便、更易携带和更能利用零碎时间的阅读方式，而部分老年人因为视力等原因，更倾向于“听”书的阅读方式。通过调查，该图书公司知道自己的商业模式在某种程度已经过时，需要创建一种新的商业模式来适应市场的需要。那么，若利用以原型为引导来制作商业模式的方法该如何进行呢？

首先，可以先简单勾勒出草图。概括出一个大致的方向并粗描出简单的商业模式构成草图，这里主要包括粗略的想法、企业的价值主张及收入来源。

其次，进一步把商业模式的构成模块细化。在图上描绘出商业模式的每个元素，填充上各种事实和数据，如你的业务逻辑、对市场潜力的评估、各构造块之间相互的联系等。

再次，把图示上所有的信息转变成电子表格来检查想法的可行性、对该模型的赢利潜力做出评估。这个过程主要是计算，如一些关键的数据的取得与核实、成本和收入的计算、赢利潜力的评估、对不同财务场景进行测试等。

最后，进行实地的测试。通过一系列的调查和评估，得出潜在的新的商业模式具有可行性后，要对该商业模式进行实地的测试。进行实地测试需要为新的商业模式找到一个合适的商业案例，进行实际演练，并记录各种信息。

在通过以上不同程度的测试后，针对该种新的商业模式，要总结出以下内容：挑选出目标客户群和客户细分群体，阐述与图书出版相关的最少5个大问题（可参考移情图），通过解决这些问题生成尽可能多的具有可行性的创意或方案。在这些创意或方案中选择3个最具多样性的创意构思来进行商业原型的搭建，并标出这些原型的优点和缺点。

以原型为引导的方法来设计新的商业模式因其过程更严谨，因而更具有针对性和有效性。

五、故事通俗讲述

商业模式的设计还可以通过讲述一个故事来进行。故事讲述有什么特点呢？

首先，使概念直观。一个全新的概念或事物，如新的商业模式，通过故事来展现会使其脱离抽象，更形象具体，易于理解。

其次，以故事的形式去给你的投资人、合作伙伴或员工讲解时，讲解人的讲述能更清晰、明白，避免信息的遗漏，让听众对你下一步有关商业模式的详细讲解增加认同和支持。

最后，故事具有趣味性和易接受性。故事讲述可吸引员工积极投身于新的商业模式的故事设计，让公司的理念和商业模式的逻辑融入到员工所编织的故事中，故事本身的趣味性会轻而易举地带领听众进入一个全新的知识领域。

那么，这个故事该如何来设计呢？这里有三点需要注意：一是故事要富有趣味性，简单易懂；二是故事的主人公尽量少，最好只有一位。可以从公司的角度或客户的角度来进行商业模式故事的演绎。例如，亚马逊研发出的IT系统（见图4－4），就可以从公司和客户两方面来进行故事的讲述。

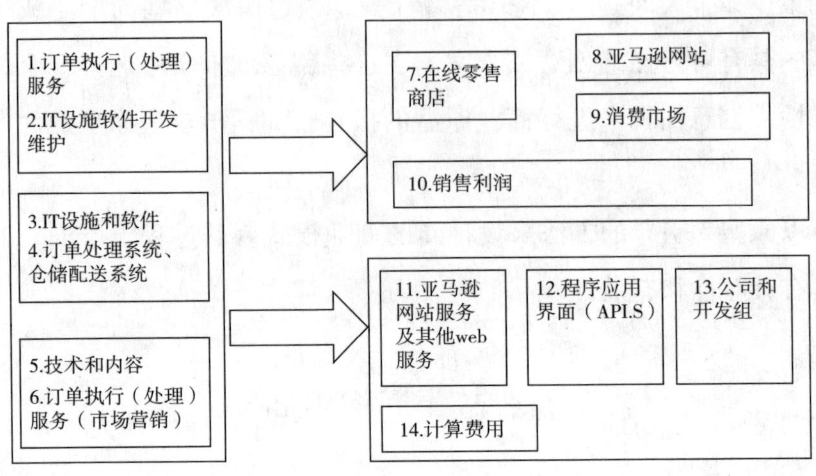

图4-4 亚马逊研发出的IT系统

从公司角度来呈现故事。Ajit是亚马逊公司的一名高级IT经理，他在公司已经工作了近十年。他和同事们在过去的十年里一直致力于为公司的电子商务业务开发出一套一流的IT系统，他们成功了。他们开发出的这套IT系统可以高效地处理订单、进行仓储配送并为其他公司提供价格极低的在线数据存储服务。

通过这个功能强大的系统以及公司和研发人员的努力，亚马逊网站的购物者的年点击量超过5亿次，亚马逊的在线零售业务节节升高，业务范围也从单一的书籍扩展到其他产品。这更促使了亚马逊在其IT技术和内容上的投资连续多年累计超过5亿美元，绝大部分资金用在了与电子商务业务相关的技术上。

Ajit对公司的发展状况很自豪，因为这里凝聚着他和他的科研组同事们的一番心血。更令他兴奋的是，由于他研发的这个IT系统的强大有效，越来越多的电子商务企业找上门来要求对其企业进行IT支持。亚马逊在其传统的零售业务之外，成为了电子商务领域里一家重要的系统提供商。

亚马逊的核心业务正在慢慢发生转移，Ajit 认为这种转移是顺理成章的事情，公司需要多元化的发展。现在，Ajit 除了专注于设计、建立、实施和维护本公司的系统外，还能把这种技术有偿地提供给其他公司使用，为公司提供了新的收入来源。

从客户角度来呈现故事。杰夫自己创办了一家小型的网络公司，在为他的企业客户提供服务时，他一直想要一套强有力的 IT 系统来支持自己的服务，但强有力的 IT 系统的开发和维护需要强有力的资金和技术支持，对于他现在的公司规模来说有点得不偿失。

所以当他从在亚马逊公司工作的朋友处听说，亚马逊公司为其他公司提供 IT 系统服务时，他非常兴奋。他只需要支付低廉的系统使用费用，就可以接入亚马逊的系统，而不需要额外进行 IT 系统的研发和维护，节约了成本。

在听完故事后，相信员工和客户会很容易理解亚马逊公司的这种商业模式，这是一种双赢的模式，也很容易被听众接受。

不过，在讲述故事时，要注意使用一定的技巧来吸引你的听众。在讲述之前要了解你的听众是什么类型，你的故事在什么场合讲述，然后选择不同的技巧来对其进行匹配。

六、情景描述推测

情景描述推测也是进行新商业模式设计的方法之一。情景描述推测主要是通过细化设计的场景，把抽象的概念具体化，来使他人了解、熟悉商业模式的设计流程。

情景描述推测一般有两种方式，一是描述不同的客户背景；二是描述新商业模式可能会参与竞争的未来场景。我们通过举例来说明。

描述客户不同的背景。一家移动服务运营商要为其商业模式进行创新和设计，对其不同客户的背景做了如下描述。

1. 上门配送服务。小李是一家家电公司的货物配送司机，天天要去不同的地点给客户配送家电，但由于有些地方比较偏僻或者不熟悉，经常会多走路、走错路或遭遇堵车。在用了移动通信服务商提供的 GPS 配送服务后，他发现送货的时间大大缩短了，因为根据 GPS 服务，可以设计更好的配送路线。

2. 旅行者。小赵要到泰国去自助行，他特意下载了一种新型的基于 GPS 的手机电子导游服务，来为其泰国行量身订制旅游路线。小赵享受了一次愉悦的旅行。

3. 打车上班的白领。小王离工作单位较远，几乎天天打的上班，但在早上上班高峰期有时很难打到车。他听说现在的移动运营商推出了一种打车软件，可以帮助乘客和司机实现业务对接。

这三种情景推测是从移动运营商的角度来提出的，涉及了企业价值主张、渠道通路、客户关系、来源等，并保留了一定的空间供讨论，改进。这种情景推测在商业模式设计中引导我们做出正确选择，帮助我们解决设计中的一些问题。

例如，在情景一中，结合推测我们可以提出如下问题，这种 GPS 增值服务的收费让客户觉得值吗？通过哪些渠道，可以接触到此类客户？这种服务还需要哪些设备或服务才能进行整合？在情景二中结合推测我们又可以提出：这种基于 GPS 的导游服务是应该安装在一个特定的设备上还是作为一个软件让客户自行下载到手机上？可以把航空公司作为一个渠道合作伙伴来推广这种服务或设备吗？提供商会对哪项内容产生兴趣，是服务还是设备？客户更愿意接受哪种价值主张，是买服务还是设备？等等。在对这些问题进行解答的过程就是我们进行头脑风暴提出创意的过程，有助于商业模式的创新。

通过未来商业模式在竞争中的情景推测来设计。这主要有三个步骤，一是以两个或两个以上的衡量标准设计出一组未来情景图；二是以故事的形式来讲述每一幅情景图，概述其主要特点和元素；三是针对这组情景图，给每一个情景设计出一种或多种合适的商业模式。设计好的情景甚至只是简单的情景设计都能激发设计者的创造力，将其投射到未来的情景之中。

以制药行业为例。我国的制药行业一直存在药品结构不合理、生产不够专业化和规模化、经营方式落后、效益不高的问题。如何对医药行业进行商业模式的变革呢，我们可以尝试用情景推测来进行，我们设置的情景是重塑制药行业。

首先，以“预防型药物成为主要的收入来源，个性化药物只是短暂的流行，治疗型药物仍是主要的收入来源，个性化药物成为市场的主流”为基点来设计出情景。

其次，其在此环境中，描述出每个情景的主要特点，如针对预防型药物成为主要的收入来源的情景，我们可以提出如下问题：有效的预防型药物需要什么样的客户关系？在设计预防型药物的商业模式时，主要的合作伙伴应该是谁？在向这种模式转变时，医生和销售人员之间的关系会发生什么样的变化？

最后，在这种新型的商业模式下，即预防型药物成为市场主流时，为公司带来竞争优势的是哪些新的核心资源和业务？新模式下的价值主张是什么？制药行业的成本结构如何重新调节？等等。针对每一个场景提出越多的问题并加以解决，那么，新的商业模式的成功就越可能达到。

对企业商业模式的设计需要公司管理层根据实际情况灵活选择运用，经过深思熟虑后还要不断地进行测试创新，这是一个复杂的过程。但最重要的还是思维灵活，切忌僵化。

第五章　20个颠覆性的商业模式

一、非绑定式商业模式

商业发展到今天，各种各样的商业模式不断出现，不断创新。每一种新的商业模式的出现都带来过颠覆性的商业变革，我们本章的主要内容就是来盘点一下那些经典的曾经带来颠覆性创新的商业模式。

非绑定式商业模式是相对于传统的绑定式商业模式而言。传统的绑定式商业模式主要是通过产品和服务的驱动来增加企业利润的增长，而非绑定式商业模式在增加企业利润方面的模式则更加复杂和多样，但总体来说，它也是一种相对而言比较传统的商业模式。非绑定式商业模式到底是如何运作的呢?

非绑定式商业模式的理论基础可以归纳为三点:

第一，它有商业关系型业务、产品创新型业务、基础设施型业务三种基本业务类型。

第二，这三种基本业务类型是公司利润增长的主要驱动因素，都含有经济驱动因素、竞争驱动因素和文化因素，它要求公司做到走近客户、产品领先和高效运营。走近客户是指企业要建立“客户至上”的企业文化，专注范围经济（范围经济是指一个企业同时生产两种产品的成本要比分别生产每种产品的成本低的状况），寡头占领市场，即该企业是行业内主要的产品供应商，对市场价格和产量的影响大。产品创新是指企业要以员工为中心，鼓励创新，快速研发新产品，使公司产品走在市场前面。基础设施主要指公司的运营系统，公司要努力扩大规模影响，寡头占领市场，降低企业成本。

第三，这三种基本业务类型既可以单独存在，也可以同时存在于一家公司，但在理论上，它们要与独立的实体分离出来。

关于非绑定式商业模式。最经典的案例莫过于移动电信行业的业务拆分。最早的电信运营商的主要运作模式是企业制造设备来支持其网络运营，同时要专注于自己品牌的经营及客户的拓展和维护。这些传统的电信运营商之间的竞争主要围绕着网络质量来进行。但随着市场对企业产品和价格的要求越来越高，电信行业内的变革不可避免。

企业需要进行资源整合来降低运营成本，同时也要赢得客户，即电信企业所要专注的不再是网络，而是其品牌和客户关系。针对这种发展趋势，电信行业企业进行了改革，即进行业务拆分，分离出了电信设备运营商、专注于业务的运营商和产品内容供应商三种相互独立的运营实体。

例如，企业可将网络运营外包给设备制造商，而自己只专注于业务拓展和产品开发，从规模经济中实现利润，并降低了网络运营的成本；或者企业只专注于其客户关系，通过占领市场份额，形成范围经济来实现利润；又或者企业专注于产品，同大量的内容供应商合作，创新技术、服务和媒体内容，形成产品优势来实现利润。

通过上述案例可知，非绑定式商业模式其实就是一种传统的资源整合型商业模式，即把客户关系、产品创新和基础设施管理进行了有效合理的整合。这种方式有其进步性的一面，但同时也存在一些问题，如它在资源整合的过程中，可能把相互冲突的企业文化放进了一个实体中，从而带来不利的权衡取舍。其解决方法就是把业务拆分成客户关系、产品创新和基础设施管理三种既相互独立又相互联系的模型来处理，当然这种处理是以 IT 技术和管理工具的发展达到更低成本分拆为前提。

二、超附加值商业模式

我们是否会经常看到类似这样的一些宣传语："厂家直销，买一送一，机会难得，敬请把握"、"你敢买，我就敢送"等。表面看这不过是一些商家在节假日的一些促销方式，而如果我们仔细观察，会发现某些企业的产品不光是在节假日会有这样的赠送活动，基本上常年都会有一些附加在产品之上的价值吸引着消费者。比如有奖竞猜免费旅游活动、有些饮料的"再来一瓶"活动、邀请明星代言等，就产品本身来说，这些东西都是附加值，而且在长年累月地做，那么，这就是一种超附加值商业模式。

在当前的一些实体店铺中，我们也会经常看到一些带有附加值的产品，比如你去某店铺购物，店铺的环境非常好，富丽堂皇，迎宾青春美貌，甚至有些店铺还采用鞠躬敬礼式的服务，对于产品来说，这也是一种附加值，只不过这是一种初级附加值。而有些店铺的附加值则会更加高级一些，比如你带着孩子去某快餐店吃饭，店内有专人带着孩子去跳舞；一些企业为某些幸运客户免费赠送彩电等，这种附加值是一种高级附加值，既超附加值。从形态或者感受上，让客户享有一种超出产品本身的价值。

有一家汽车租赁公司，刚开始营业阶段生意不怎么好，每个月只能平衡企业的开支。后来，公司管理者经过市场调查和深入思考，改变了原先的经营模式，打破常规，采用一些新的措施。

首先，公司丰富了车型，原先只有高中档车型，现在他们购置了一些低档车型，使得客户有了更大的选择。

其次，公司提供了一些免费服务，比如免费接送到机场，免费GPS导航，支持各种信用卡、银联卡、储蓄卡的刷卡消费。相对于其他公司来说，有些项目其他公司并没有免费，比如不提供接送机场服务。更为重要的是，公司提供了免担保、免押金服务。

这些措施一经实行，很大程度提高了该公司服务的附加值，生意也渐渐好了起来，而且很多都是老客户再次光临。随后，该公司意识到了这种模式的优越性，持续提升产品附加值，对于租车自驾旅游的客户，免费根据他们的需求制定旅游行车路线，提供景点门票等，对于租车结婚的客户，免费为客户装饰花车、配备专业司机等。目前，该汽车租赁公司已经是该市规模最大的一家。

显然，该汽车租赁公司的快速发展离不开其附加值的不断革新，正是因为这些超附加值，吸引了众多的客户，打下了坚实的客户基础，同时，该公司的商业模式也由原先简单的租车获得利益的模式逐渐转变为以超附加值为主的商业模式。

任何一家企业，只要他的产品物美价廉，能够让消费者感受到很大的实惠，那么，消费者就一定会认可。然而，一些企业为了获得消费者的认可，提高产品销量，时不时地采用降价促销或者打折的模式经营，尽管这种模式在一段时间能够获得相应的利益，但是却不能够长期运转，只是短期的收益。因为久而久之，消费者对这种经营模式会产生一种疲劳感。而利用超附加值商业模式，在产品的基础上不断提升革新附加值，一定程度上会让客户时刻感受到一种满足感和新鲜感，消费者对企业及产品的认可会一直延续下去，企业只需要在保证产品质量的情况下，使用部分精力不断创新研究产品的附加值，便能够不断发展壮大。

三、差异化商业模式

世界上的差异化现象到处存在，我们喜欢泰山的壮观，同时我们也喜欢黄山的秀美。在商业社会中，更是如此。差异化使企业产品更具特点，使企业在市场竞争中更具优势。企业通过差异化的反映，使消费者了解看上去相类似的产品之间的不同和企业产品的优势，进而引导消费者使用自己的产品。简单来讲，差异化商业模式就是企业在生产经营活动中，把打造自己独特的产品或服务的优势作为企业长期持续稳定发展的指导方针。

在此商业模式中，企业要形成自己的差异化优势，摆脱竞争对手，占据更广阔的市场空间。其核心要义就是，开创一个市场间隙，并完全占领，同时迅速制定出标准，提高竞争者进入该市场的门槛，即打造壁垒；或者不断进行创新，持续实现差异化。这是企业差异化商业模式的两个主要发展方向。

在开拓市场间隙并独占市场方面，做得最出色的要数金六福和喜之郎了。金六福酒成立之初，国内白酒市场已经是山头林立了，新酒要想出人头地，就必须另辟蹊径了。金六福首先借力于与五粮液的合作打开市场，进而实行品牌差异化战略，以一句广告语“好日子就喝金六福”，迅速占领了婚宴喜庆等的白酒市场。在金六福之前，没有哪一种酒是专门为“好日子”而定制的。在开创喜庆用酒这个市场之后，金六福开始形成自己的壁垒优势，持续的大规模的广告投入，让金六福深入人心，别的白酒很难再进入这个市场。

不断进行创新，实现持续化差异的发展方向主要针对的是一些产出规模小、资本和技术构成低的中小型企业。现代社会，不管是大企业还是小企业，产品的同质化程度越来越高，由于小企业无法形成规模化成本优势，只能在产品和服务的差异化上做文章。比如，制定严格的服务规则来培养具有良好忠诚度的客户等。

企业实施差异化的商业模式可以从以下方面进行：

第一，填补市场空白。任何一个公司的产品都不可能十全十美，完全占领市场，因为消费者的需求是多层次、多方面且不断发展着的。因此，必然会出现消费者某些诉求的真空地带。所以，实施差异化商业模式的企业首先要找准空白地带并对其进行预测和调查，明确该市场是否有潜力，如果进入，是否能迅速占领市场。例如，A 地属于一线城市，已被甲公司的产品完全占领，使得生产同类产品的乙公司几乎无立足之地。而 B 地，属于二三线市场，某产品才刚刚起步，市场空间还很大。此时，乙企业就可以利用地域上的差异来创造一个差异化的市场，同时借鉴甲公司产品在 A 地的成熟的市场策略，在提高市场占有率的情况下降低成本，迅速占领二三线市场。

第二，集中全部资源于一个焦点，打造局部市场优势。一些中小企业处于技术水平相对较低的状态，它要想在同类产品竞争中生存下去，就必须不断地去对产品进行改进，弥补其缺陷，提升其使用价值，使产品更符合市场需求。这类企业可以去模仿竞争者的产品，而把大量的资源和精力用在对市场需求的分析和基于此对已有产品的改造上。

综上所述，其实差异化商业模式的本质就是创新，它可以在商业模式的各个环节、各个构造块发生，比如产品的差异化、融资方式的差异化、产业链整合的差异化以及营销策略的差异化等，只要存在差异化，且这种差异化是建立在客户需求之上的，那么，这种差异化的商业模式就是成功的。

四、先教后卖商业模式

先教后卖的商业模式，顾名思义，就是先教会方法，再卖出产品，是企业先教会客户（可以是终端客户也可以是中间经销商）产品和服务的使用或营销运作再销售产品的方法。比如微软的比尔·盖茨，投资两亿美元建设的盖茨图书馆基金会，专门为一些不发达地区的图书馆配备电脑，并捐赠软件向公众普及电脑知识，从而引发了这些人对电脑的需求。

先教后卖的商业模式比较典型的运用就是浙江东阳市永远实业有限公司销售其主打产品“永远 1.5”学生视力保护器时采用的方法。该企业在全国各地招代理商加盟，组成公司的销售体系。

每当有一个代理商加盟，公司都会派出专业的营销人员把各地代理商的成功经验和销售技巧通过培训传授给他们，让代理商能快速、高效地把产品卖出去。积聚大众的智慧，定期进行销售经验的总结、及时进行信息的互通有无。该公司的销售业绩节节升高，利润不断增加。

应用此种商业模式的企业还有很多，比如一直都很热门的食品连锁加盟。以“重庆鸡公煲”这个连锁品牌为例。加盟以后，前期该公司会派人给小店选址，指导店面装修，教授做煲的方法、如何进行有效宣传等，然后就可以开始营业。当然店里主打的秘制调料得从加盟店的总店进货。这是加盟总店除了加盟费之外的主要收入来源。

先教后卖的商业模式属于知识营销范畴，前期需要企业有一套完整的知识体系或经过实践验证了的完整的企业运作流程，然后通过有效渠道进行长期、持续地知识普及，形成多客户型销售网，达到企业持续赢利的目的。

比如，某公司生产的微生态试剂前期销路很不好。因为大众对“微生态”“试剂”的概念根本不了解。于是该公司在城市的各大社区开展广泛的科普活动，向市民赠送有关微生态方面的书籍，举办知识竞赛，给市民灌输科学的健康理念等，使大众对生物科技产品有了一定的认识，公司销售业绩不断攀升，其产品微生态试剂销售额在短短十年间达到百亿元，创造了广阔的市场。

先教后卖商业模式销售网络比较强大，但因其客户群体大多为中间经销商，其销售网络组成体参差不齐，有时会造成服务纠纷。要想成功运作此种商业模式，规范、严格、系统的培训和知识宣传是重中之重。

五、有效见证商业模式

一天你去逛街，突然听见有人在摔东西，循声望去，你发现一个卖盆子的商贩拿着自己的盆子往地上摔，你觉得很奇怪，于是凑上前去想看个究竟。结果发现盆子被商贩在地上摔了几下后，盆子毫发无伤，完好无损。接着商贩把一个盆子扣在地上，让一个男性看客站在上面，这位男性估计有 150 斤左右。起初男看客不敢站，怕踩碎了，商贩说：“踩碎不用你赔。”于是男看客毫不客气地站了上去，让你惊奇的是，盆子居然没有碎，而且没有丝毫裂缝。看到这样结实的盆子让你感到很意外，这时，你肯定产生了购买的欲望。在商贩的多次“表演”下，可能会更加坚定你购买的决心，最后购买这样一个盆子。

对于商贩来说，这样一种销售方式是先试后买法。如果该商贩隶属某个公司或者生产盆子的企业，是企业安排他这样做的，那么，该企业的商业模式便是有效见证商业模式。所谓有效见证商业模式，就是企业先向客户用实际行动证明自己的产品或者在某方面是成熟的，具有一定优势，让对方感受到拥有这款产品非常值得，然后促使对方产生购买欲望并发生购买行为的一种模式。

家悦家具公司是一家主要生产办公家具的企业，因为企业刚开始运营，产品还没有打入市场，招商代理工作正在进行。为了能够招到有实力的代理商，销售部邀请了全国各地一线城市具有实力的办公家具经销商来企业参观，希望他们能够代理公司的产品。

通过销售部的努力和安排，全国一些有实力的代理商基本都来到了企业进行参观。代理商到企业后，销售部并没急于向他们介绍产品，而是带他们参观了生产车间及工艺流程，初步获得了代理商的认可；接着带着代理商在库房中随意选了一张电脑桌，让人将电脑桌进行切割，向代理商展示了电脑桌的材质，销售部顺势全面向代理商介绍了公司的产品。最后获得了代理商对公司产品的认可，有些代理商当场与厂家签订了代理协议。

有了代理商，营销宣传也不能落下，在营销方面，营销部拍摄了一段车间工艺流程和电脑桌切割的视频，然后通过网络、电视等媒体进行播放。这种方式一方面获得了消费者的认可，一方面激发了代理商的热情，总体效果相当不错。

随后企业在发展的过程中，不管是经营策略的落实还是解决某些问题，企业总会先用事实证明法展示有效性，然后再进行下一步。在这种运营模式下，这家企业发展得一直很稳定。

显而易见，家悦家具公司始终保持着有效见证的经营理念，当企业把这种理念深入到运营模式中后，便形成了一种有效见证的商业模式。不管在销售、营销还是赢利模式中，这种商业模式具有很强的说服力。

任何一种商业模式都有其优势和不足，经过综合分析，这种商业模式的优势是：说服力强，容易获得他人的信任，具有很好的稳定性。比如一些培训机构，为了获得更多的客户，他们会提出先试听后报名交费的操作模式。就是说先邀请一些潜在客户免费试听几节课程，让客户在听课的过程中感受到这些课程是有效的，是自己急需的知识，赢得客户的信任。然后促使客户报名缴费，最终成交。下次开课的时候同样用此模式来运营。

其不足是：成本高，运用周期长且较为烦琐。因为是有效见证，所以前期需要投入一些成本去赢得客户的信任。比如切割电脑桌、免费为讲课让客户试听等，这些都是前期的投入，对于有些行业来说，前期的投入可能要多很多。而且为了让这种模式起到最好的效果，企业前期要寻找有效客户、安排见证方式、流程等，操作较为烦琐。

不同的企业、不同的行业在选择适合自己的商业模式时，应谨记：只有适合自己的才是最好的。

六、延伸性赢利商业模式

延伸性商业模式是指在成熟的商业模式之上，在原有的已产生利润的点或环节进行深度挖掘，找出新的利润增长点。

河南宝天曼仲景养生谷 2009 年开始进行旅游规划建设。这是一个旅游 + 休闲度假 + 传统养生 + 其他产业（如保健、医药、娱乐）等为一体的综合项目。在对该项目进行赢利模式规划时，列出了该项目的主要赢利来源，即门票、景区导游、景区交通运输、旅游商品、娱乐服务（如景中景收费、游乐设施收费等）、食宿服务、康乐服务、活动策划实施服务、景区场地及其内部会议室出租、特许经营权和租地经营权等。

在对赢利来源进行分析时，又把其分为三类，一是基础性赢利，如门票、景区交通和食宿服务，这些只向旅游者提供最基础的景区体验和产品服务；二是支持性赢利，如导游、旅游商品、娱乐服务（如景中景收费、游乐设施收费等）、康乐服务、活动策划实施服务等，这些主要是针对旅游者而设计的收入来源，为了丰富其在景区内的体验和感受；三是延伸性赢利，如景区场地及其内部会议室出租、特许经营权和租地经营权，还有一些拨款或赞助等。

从宝天曼赢利的分析可知，基础性赢利和支持性赢利基本是固定的，即使有所增长，也是有限的，因为影响其利润增长的因素是旅游者数量的增加，而一个景区旅游者的容纳量是有限的。

那么，在景区的持续发展之中，延伸性赢利点必然会成为景区日后利润持续增长需要深度挖掘的地方，因为它不受旅游者数量增长的限制。比如，景区特许经营权这一点就可以多种形式赢利。在景区知名度扩大、景区运营成熟之后，景区可通过授权周边的酒店或商场冠名景区的名称使用而获利；采用投标的形式出让一些景区的经营权利；等等。

从上例可以总结得知，延伸性赢利是一种溢价性赢利，是指在企业主业品牌或知名度及管理成熟的基础上，利用其现有资源和优势发展出的一种新的赢利模式。寻找延伸性赢利是企业发展成熟或发展进入瓶颈后新的利润增长的突破点。

商业社会中各行业内追求延伸性赢利模式的案例比比皆是。比如现在的钢铁行业，自 2008 年影响全球的金融危机过后，钢铁行业一度一蹶不振，钢铁利润极低。为了生存发展下去，钢铁企业在主营业务之外积极寻找新的利润支撑点。例如，首钢依托其工业园区建立起来的首钢工业遗址公园，集生态、教育、休闲于一体，未来将会发展成为首钢主要的收入来源。

再如，最近两年最热门的综艺节目《中国好声音》已经举行了三季，运作已经很成熟了，除了广告费，电视台的劳务输出费和播放版权费等收入外，随着其节目知名度的提高，参赛选手的成名，也挖掘出了其延伸性赢利点，如歌手成名后与其签约，让其参加商业演出；把歌手参赛时所演唱的歌曲制作成彩铃让观众下载等，这也是能持续为其带来利润的赢利模式。

延伸性赢利模式的使用范围一般是发展成熟的企业，在主营业务的基础上衍生出的利润点。企业在进行延伸性赢利点挖掘时，切不可本末倒置，置主营业务于不顾而全力发展延伸性赢利，否则，最终会导致企业失败的下场，因为延伸性赢利本身是以主营业务的发展优势为基础的。

七、长尾商业模式

在进行长尾商业模式的介绍之前，我们先来了解一下什么是“长尾”。“长尾”的概念是美国《连续》杂志的主编 Chris Anderson 在 2004 年首次提出。在一个坐标系里面，纵坐标代表销售额，横坐标代表同一产业中不同品牌的产品和服务。销售收入名列前茅的是某几个大品牌，而其他无数的小品牌的产品或服务平均起来只占小部分，其实，在现实商业产业中，其“长尾”相加所占的比例并不比红色的

“主体”少。

在理解了“长尾”的概念后，长尾的商业模式就比较容易解释了。长尾商业模式具体来说，有点类似于我们常说的“薄利多销”，即只要资源足够丰富，市场上的边缘产品的销量也能和主流的商品销量匹敌。把长尾理论运用得炉火纯青的企业要数亚马逊、Google 和苹果了。

亚马逊公司有这样一句名言：“现在我们所卖的那些过去根本卖不动的书比我们现在所卖的那些过去可以卖得动的书多得多。”亚马逊网上书店的品类成千上万，其中畅销书的销量占其收入的一半，而另一半销量则由那些所谓的“冷门书籍”，凭借其种类多，由少积多来完成。所以说，长尾理论中那条长长的尾巴的作用是不可忽略的，它已经成为一种新型的商业模式，企业经营者不应只关注主体部分，还应多关注其长尾部分。

Google 的发展史其实可以说是把广告商和出版商“长尾化”的过程。我们知道，商业社会的繁荣并不是依靠那些跨国集团和大型企业，依靠的主要是那些中小型和微型企业。大型企业原地不动就有广告商、客户等关系来为其上门服务，但那些数以百万的小企业或个体商户却从未打过广告，或从未进行大规模的广告宣传，一是成本问题，二是企业太小，广告商甚至不屑于为其打广告。但 Google 的出现，为这些小企业带来了宣传的新途径，广告对他们来说变得低廉，他们可以随心所欲地投放自己的网络广告，而且大批的中小型商业网站可以在自己的站点上自动获得广告商投放的广告。

Google 所凝聚起来的市场能量足以与传统的网络广告市场相抗衡。如果按照传统商业理论中的二八定律，Google 把其目标市场定位于那 20% 的大企业身上，那么，Google 也就不会有今日的成就了。

苹果公司的App Store其实是一种C2C模式，即每一个人都可以成为其开发者，它没有资金或者资质的限制。在成为苹果的注册用户后，App Store会为开发者提供便利，如帮其设计App SDK工具箱，帮其营销产品，帮用户进行产品选择等。App Store其实是开发者和用户之间的一个交易平台，收取中间费用。这种多元化的平台开发可以随时随地地满足客户的需求。

从以上案例我们可以看出，长尾商业模式主要运用于新媒体环境下，即互联网是长尾理论发展的温床。满足长尾商业模式的三个前提条件是：

第一，它要求新媒体为客户提供海量的可选内容，满足大众的需求；

第二，它要求新媒体尽可能多地增加原创内容并与大量的内容提供商合作；

第三，它要求在主流产品之外提供众多的个性化定制，对客户的不同需求采取不同的处理方式。

八、多边平台商业模式

所谓多边平台，是指将两个或多个具有明显区别但又相互依赖的客户群体集合在一起的平台。一般企业只有一个客户群，也就是说他的利润来源只能从这一个客户群中获得，而多边平台商业模式具有多个客户群，利润来源有多个点，为此，企业的发展潜力、利润及运营会更加稳定。

多边平台商业模式在移动互联网领域运用比较多。这种商业模式最成功的案例要数淘宝网。下面结合淘宝网的发展历程来了解多边平台商业模式的运作。

淘宝从2003年5月上线，到2008年7月推出了B2C业务，2011年淘宝网业务拆分为一淘网、淘宝网和淘宝商城，2012年淘宝商城更名为天猫。现在，天猫几乎已经成为中国B2C的新地标。

天猫就是把多个客户群体集合在一起的一个多边平台，这个平台由多个模块构成，分别如下：

第一，客户细分。它把商家和消费者集合到了一起，给消费者提供产品和服务，给商家提供消费和流量。每一组客户都有自己的价值主张和收入来源，而且这两组客户之间是相互依存的。

第二，价值主张。天猫这个平台为其客户创造了价值。它为消费者提供方便、时尚、快捷和有保障的一站式购物体验的同时，通过渠道化的交易为商家消减了成本、抑制了风险、把产品和服务送达了出去。

第三，渠道通路。传递价值主张。天猫通过其网站平台、客服人员和合作伙伴等渠道向消费者和商家传递其价值主张。在传递过程中又吸引了越来越多的客户群。天猫通过把这些不同的渠道进行整合来创造令人满意的客户体验，同时令其收入增长。

第四，客户关系。客户关系主要是指公司与特定客户细分群体之间建立的关系类型。客户关系由客户获取方式、客户维系方式、提升销售额等因素促成。在天猫平台，消费者的诉求是商品物美价廉有质量保障、支付方式安全可靠、售后服务有保障等，针对此，天猫为商家提供了个人助理服务，如销售平台和渠道、商家信用体系认证等。通过一系列措施，建立起了优质的客户关系。

第五，收入来源。天猫平台的收入来源主要是商家的广告收入、入驻商城的入驻收费、关键词竞价、附加的软件产品和服务等。每个客户细分群体都会产生不同的收入来源，天猫的主要收入来源是商家，针对消费者的收入则主要是支付验证码收费等。未来，天猫可能会开发出更多收入方式。

第六，核心资源。天猫的核心资源是其累积的庞大的客户群和市场的平台，其次还有其较强的融资能力。这为天猫的企业运作提供了良性条件。

第七，关键业务。天猫作为一个多边平台，其关键业务都是与这个平台或互联网相关的。例如，天猫的即时通信工具、信用评价系统、店铺展示系统、支付系统等。

第八，重要合作。这个模块主要是平台供应商和合作伙伴的关系网络。天猫通过创建联盟如淘宝联盟、物流企业、大型的 B2C 商家、支付宝银行等来降低其运作风险、获取资源。

第九，成本结构。天猫的成本主要体现在平台的开发和维护、平台的运营和管理。

通过天猫的案例我们知道，多边平台式的商业模式其核心资源就是平台。企业通过管理平台、推广服务和平台来吸引客户群，然后进一步使平台成为这些客户群体创造价值的中介，企业在其中获利。

多边平台对于某个特定客户群的价值主要依靠平台“其他边”的客户数量，而平台的主要收入一般也来源于某个特定客户群，如天猫的主要收入来源是商家。

九、免费商业模式

免费的商业模式在我们身边随处可见，我们用的 QQ 聊天工具是免费的，我们在百度上进行资源搜索是免费的，淘宝网为消费者提供的交易环境是免费的，360 给我们提供的杀毒软件是免费的。如此多的免费，那么这些企业赚什么呢？我们不必为此担心，上述提供免费服务的企业无一不是行业内的翘楚。当然，不仅仅是互联网企业，还有一些其他的企业免费赠送杂志、赠送礼物等。它们是如何运作并做到赢利的呢？

免费商业模式的主要特点是至少有一个巨大的客户群体可以持续地享受免费服务。每个企业都可能根据自身实际情况制定免费商业模式，因而免费的商业模式多种多样，但具体的可以分解为以下六种。

第一，免费增值模式。比如商场中买够某个数量或价值的卫生纸，就免费赠送某个品牌的洗衣液。或针对客户的消费能力登记一张信息表就可免费试用某项产品等，从而吸引消费者，激发其消费欲望。这些免费的例子随处可见，但或多或少进行过巧妙的调整。这些传统的免费模式商家都要花钱，所以派发的免费产品数量极少。在新媒体条件下，这种模式却倒了过来，“领取”免费产品服务的占极大比例，商家的收入来源来自于那些极少量的付费用户。比如各大网站推出的收费邮箱，3% 的收费邮箱用户支持了无数的免费用户。再比如，一些软件企业对推出的比“免费版”软件功能更加多的“专业版”软件进行收费。这就是网站运营所遵循的法则之一——1% 法则，即从 1% 的用户身上获得支撑其他所有用户的资源。而实际上，另外 99% 的用户的成本几乎可以忽略不计。

第二，广告模式。广告的目的是让越来越多的人知道，所以这种模式的免费对象就是所有人。广告模式就是广告客户为了影响所有人，通过免费的商品培养受众的显著偏好而自愿付费。传统的电视广告和报纸广告等除外，新兴的基于互联网的广告模式蓬勃发展。比如，百度和谷歌按点击率付费的广告，雅虎按页面浏览量付费的广告等。

随着互联网服务多元化的发展，基于互联网的广告模式也有了新的发展，比如拥有庞大注册用户的Facebook正在进行的按从产品推介付费转向按关系付费。

第三，交叉补贴模式。交叉补贴模式是指让客户免费或廉价地获取一个商品，但客户需要为后续的服务付费。这里最著名的例子要数金吉列的剃须刀具了。它通过极低的价格把剃须刀卖给客户，通过大量卖出可更换的剃须刀片来实现赢利，补贴剃须刀架的成本。再如，移动或联通的营业厅内推出的免费手机，客户使用之后，每个月都要花费很多钱来打电话。通信公司利用话费来补贴手机的成本。类似这种交叉补贴模式的案例很多，但总的来说赢利比亏损多。

第四，零边际成本模式。零边际成本模式是指用发行成本极低的产品来营销其他产品和服务，比如在线音乐。在互联网和数字技术如此发达的情况下，音乐的发行成本几乎为零。每个人都可以上传音乐，每个人也可以在网上随意下载自己喜欢的音乐，什么法律道德的限制等反盗版的措施都无效。音乐是免费品似乎成为了一种深入人心的观念。堵不如疏，既然反对无效，只能利用它了。于是，一些歌手在线传输他们的音乐作品，通过其宣传，来吸引受众参加演唱会、购买正版唱片，引导消费者购买其他付费品。

第五，劳务交换模式。这种模式是在用户使用网站和产品服务的行为不知不觉中就产生了价值。比如，你进入一个网站的行为，已经对这个网站的流量增加贡献出了价值。再比如现在出现的各种免费试用网站，各种产品与服务供用户免费试用，但领取的前提是事后要分享使用经验，或者领取前要填写基本资料信息等。这对产品的口碑宣传和企业对客户的定位起到了积极作用。

第六，赠予经济模式。有一句非常有哲理的话：当一个人在为他人付出时，不是以获得相应的物质回报为目的，那么他一定会收获同等价值的精神愉悦。维基百科、百度百科、百度文库和新浪爱问共享资料就是基于此心理而获得成功的。互联网为每一个人创建了分享的平台，使共享产业实现了零成本。

免费的商业模式一直在发展着，各种方式层出不穷，一直在考验着企业经营者们的创造力，可以说，它是新的商业模式的基础。

十、开放商业模式

在当今日新月异的生产技术和生产关系的带动下，各种产品、技术、创新层出不穷，企业一不小心就可能在行业之中落后一步。因此，企业单打独斗式的发展之路已经远远不能应付市场的需要，企业需要一种高效、迅捷的方式来提高企业的创新能力和快速进入市场的能力。从全世界范围来看，所有的企业几乎不约而同地选择合作，跨企业、跨行业甚至跨领域寻求合作伙伴或研发联盟。

合作的目的是互利，这就需要合作双方有一种开放的心态，接受外部的创意、新技术、新资源，整合后用于自己企业内部的创新和快速市场化；同时，企业也要出售自己未能利用到的创意、技术和资源实现合作双方的双赢。所以，开放性的商业模式可以这样理解，它是企业为增强企业价值创造和价值取得在产品、服务、技术研发和商业化过程中而进行的一种跨越自身界限进而与外部合作者（包括客户、供应商、价值网络中的竞争对手、投资者、政府部门等一系列可利用的资源载体）进行创意、知识、技术及其他资源的交流、协同活动。

开放性商业模式按其分享内部资源的程度来分可以分为四类，即封闭式商业模式、分享式商业模式、吸收式商业模式和开放式商业模式。

封闭式商业模式如传统的国有企业，放着大量闲置的资源，如渠道、设备配置等无法充分合理利用，同时又不能“放下身份”去学习、接受、利用外部的资源来优化自己，从而造成企业效益和能力的低下。

分享式商业模式如苹果公司，苹果的产品及各种应用程序接口都开放给了配件供应商，目的是通过供应商的各种渠道来扩大其互补品的销售，从而促进苹果主打产品的销售。

吸收式商业模式主要应用在这类企业中，即企业自身无法或很难研发一种资源，最经济的方法是整合这种资源。比如现在各种类型的连锁加盟店，一个店要想成立，需要生产技术、资金支持和销售渠道。甲企业有生产技术但无资金和渠道，那么他可以整合或联盟其他两家拥有资金和渠道的公司成立一个统一品牌一起来做。

开放式商业模式运用的典型如阿里巴巴、IBM、亚马逊公司等。这类公司对整合第三方资源和分享自己内部未充分利用的资源都相当积极。拿亚马逊公司来说，我们前面提到过，亚马逊拥有电子商务领域内领先的IT技术与服务解决方案，即亚马逊云端运算服务平台（AWS），它将自己的这种优势向外提供给同行，成为业内重要的电子商务解决方案提供商。

开放式商业模式的优势很明显，但实现起来却不是那么容易。首先，几乎所有企业都是由封闭式企业成长起来的，它已经有一套成熟化的组织架构，惯性使然，它不会轻易去改变。其次，即使企业在组织惯性上已经改变，倾向于开放性的商业模式，但其吸收能力，即搜寻、整合和利用创意、技术和资源的能力是否令人满意也是开放式商业模式实行的一大阻力。

打破组织惯性，这需要从两方面着手，一是打破认知障碍，二是打破资源障碍。商业要想建立起开放性的商业模式先要构建一幅商业模式的地图，理清企业商业模式后的基础构造块及其之间的联系和互动，了解企业价值创造与获取之间的因果关系，并定期对其进行讨论和流程更新。

按照商业模式地图，企业可以全面地了解各个构造块的动态变化并及时进行创造性的排列组合，产生多样化的新的商业模式模型。其次要积极参与各种新型商业模式的试验和学习新的商业模式经验，在企业内部建立起相应的文化氛围。成功是经验的积累，只有在不断地试验和学习中才能找出可行的商业模式，进而推广应用。商业模式的创新要求企业建立一种鼓励创新与多样性，同进又对失败包容的文化氛围。

提高企业的吸收能力可以从以下方面进行：

第一，利用创新中介，借力使力，快速进入市场。现在的商业社会中崛起了一种新型的外部组织，即创新中介。他们的主要职能就是帮助企业快速、高效地寻找外部资源或为企业找到闲置资源的释放渠道。

第二，要对智力资产与知识产权强化系统管理。企业在整合外部资源或分享内部资源时，要管理好相关的智力资产防止发生纠纷导致的交易成本增高。在对智力资产进行保护的同时，也要转向以利用其为企业创造价值为主。

十一、营销商业模式

最近的一则商业新闻提到海尔集团已经在尝试新的商业模式，准备从生产型企业转向营销型企业。那么，这二者有什么区别呢?

海尔之前一直是一个典型的生产型企业，其主要的特点就是产品的创新，海尔成立至今，其产品已经从冰箱扩展至洗衣机、空调、彩电、热水器等领域，在全球有29个生产制造基地。海尔一直实行的发展思路是“以销定产”，强调海尔产品“先有市场，再有工厂”，从海尔庞大的生产制造基地，我们可以看到其生产力强大的同时，其销售网络也同样强大。

随着家电行业核心技术越来越同质化，企业的市场优势利润逐渐消失，因此，在海尔此时转型似乎理所当然。海尔正在与制造商（OEM代工制造企业）进行洽谈，慢慢地把海尔的生产任务外包出去，而自身专注于市场营销。所以生产型企业和营销型企业最大的区别之一就是营销型企业不负责商品的生产，而专注于市场的开拓和维护。

营销型的商业模式的建立基于以下原则：

第一，在全球市场化的前提下，营销不再是某一个部门的职能和责任，也不是销售、广告，而是由企业管理层来规划的、引导企业可持续发展和方向的战略性思想，是一种商业模式。

第二，在营销型企业当中，所有人员都隶属于同一个营销团体，企业的组织结构弱化了各种层级，每一个都是市场人员。

第三，在营销型企业中，竞争的实质是价值的竞争。任何一个企业都不会只追求短期的利润，营销型企业也一样，它追求的是不断为客户创造价值以建立起长期的关系，培养忠诚度高的客户。在营销型企业中，有五种赢得竞争的价值创造方案，分别是增加客户价值，降低客户支出；增加客户价值，客户支出保持不变；客户价值不变，降低客户支出；增加客户支出的同时大幅度地提高客户价值；客户价值降低但支出下降得更为显著。从这五种方案中可以看出，价值是赢取和保有客户的重中之重。因此，要赢得竞争首先要提高客户价值。

第四，在关注客户满意度的同时，更要关注客户的忠诚度。前面讲过，对于一个营销型企业，庞大的销售网是其进行营销型商业模式的基础。而客户的忠诚度则是其庞大销售网的基础。另外，在选择多样化的今天，客户的满意度并不能保证客户的忠诚度。有研究证明，企业吸引一个新客户的成本要远远高于保持一个老顾客的成本。因此，企业的利润其实更多来自忠诚的老客户。所以，营销型企业的努力方向是多关注客户的忠诚度。

第五，营销型企业应多关注客户的差异性需求。大多数企业都倾向于这种观点：其顾客的诉求大体相同。这怎么可能？每一个客户都是一个拥有个性的个体，他们的需求自然也就有所差别，因而要提供给他们差别性的产品和服务。所以，营销型企业要多关注客户的个体性差异，对客户的需求进行整合，加强对产品和服务提供的个性化建设，这样不仅促进了企业产品和服务的创新，而且也使其产品和服务免于平庸和一般化。

第六，关注事前准备。一个有竞争力的公司能根据市场环境的变化有预见性地做应对变化的准备，而不是在变化之后做出补救。营销型企业要做到流畅运营，关注事前准备很重要。

第七，避免企业品牌泯于众。品牌是营销型企业价值创造的基础，它代表着企业的产品和服务、企业本身。在驱动价格的因素中，品牌是最重要的一项，是产品价格的决定因素之一。营销型企业要想获得供求曲线之外的利润，就要好好建立、保护和运用企业的品牌策略。

第八，服务战略避免企业掉入业务范围的陷阱。营销型企业的业务只有一种，那就是服务。这种服务是广义的服务，其业务范围不单单是指产品的售前、售后和售中的服务，它应该是企业价值的增值器。

营销型企业就是服务型的企业，服务是企业创造持续价值和与客户建立长期关系的最稳定的工具。企业管理者要在公司内建立服务的精神文化。

第九，市场细分——创造性地看待企业所拥有的市场。市场细分、目标市场选择和市场定位是营销型企业中营销战略的三大要素，是企业赢取客户的推动因素。对营销型企业来说，市场细分就是要创造性地看待企业所拥有的市场。将客户相类似的行为归于一个细分市场，然后描绘出市场的特征从而将市场进行分类。市场细分是通过地理、人口统计、心理和行为等变量来观测市场的一门科学，它细分的程度甚至是可以把一个人归类为一个细分的市场。营销型企业需要具备创造性，从每一个独特的角度去看待市场；同时它也需要用细分市场的方法来清楚地界定市场。只有关注市场，才能在市场中抓住机会。企业抓住市场中新兴机会的一种方法就是利用市场细分，创造性地观测市场。

第十，目标市场选择的原则——有效地分配企业资源。营销型企业对目标市场的选择其实就是有效分配企业资源的过程。因为公司的资源有限，所以目标市场的选择就是讨论如何分配资源以使其与公司所选择的目标市场相匹配。通过资源选择目标细分市场有四条标准：市场规模要大，要具有潜在成长性，公司在所选市场中有竞争优势，竞争环境良好。总之，一切以利于公司的发展和预期的财务回报为准。

第十一，市场定位原则——以诚信引导客户。与传统的市场定位不同，营销型企业的市场定位就是以诚信引导客户消费。它关注的是在客户中建立对企业和产品服务的信赖以及竞争力，从而让客户在潜意识里“存在”该公司或者公司的产品，即在客户的思维中确立企业的身份和个性，从而与公司的各项营销活动保持一个方阵，便于企业对客户进行引导性消费。

第十二，整合企业的内容、环境和资源，实施差异化的战略。差异化一直是营销方面的一个核心战术。在营销型企业里，通过对企业内容（产品的核心价值）、环境（提供产品的方式）、资源（用以创新的技术、设施和人力）的整合，要创造出让客户真正感到与众不同的产品，这种不同，即差异化符合客户的需求。如果这种差异化不能符合客户需求，那么公司可能会毁掉自己的品牌和声誉，反之，则会建立起很强的品牌可信度。

第十三，整合企业产品、物流和沟通。想在市场中获得较强的市场推动力，产品（产品和价格）、物流（渠道分销）和沟通缺一不可。

第十四，整合企业、顾客和关系来进行销售。这里的销售是指通过产品和服务与客户建立长期的关系。

第十五，在营销过程中要平衡战略、战术和价值。因为市场是在不断地变化着的，一个企业商定的战略战术和价值可能不太适合此刻变化的市场，而引起市场变化的因素如竞争对手的动态、技术变革等会促使企业对其战略战术和价值进行调整，以适应最新的市场环境。因此，企业要关注在动态的市场环境中，战略、战术和价值的平衡。

第十六，整合企业的今天、明天和其间的跨度。营销型的企业看重的是长期的、可持续的利润，它不会因为注重今天的利润而放弃明天的，同样也不会因为明天的获得而放弃今天的利润。营销型企业要在当前行为、未来行为和跨度行为之间取得平衡。

总之，营销型商业模式并不是营销的终点，营销型企业也不是一个企业发展的目标，它们存在于对卓越的追求的过程之中。

十二、运营商业模式

什么是运营商业模式？它和运营模式有何区别？因其两者文字上的相似，导致许多人对二者的概念混淆不清。运营商业模式是企业持续不断获取利润的方式，是企业的一种运营机制，是企业核心优势与竞争力、企业关系和知识的创造者，是一种商业模式；而运营模式则是指企业内部人力、财务、生产运营、市场营销等各部门要素的结合方式。

如何才能确定一个企业所实行的是运营性商业模式呢？首先，运营性商业模式会确认公司的所有收入来源，这其实是对公司的客户群进行分析。其次，运营性商业模式会确认公司向客户提供哪些价值，影响这些价值的关键因素有哪些。再次，确认公司如何通过价值的传递而持续地获利，保证公司持续获利的关键因素是什么，即公司的融资方式和向客户提供价值的方式。最后，确认公司的一切可利用资源，包括公司在经营中产生的可扩张利用的优势、能力以及关系和知识。

运营性商业模式是如何操作的呢？综上所述，运营性商业模式关注的重点其实是客户、向客户传递的价值和提供价值的方式。所以，围绕以上三个方面，运营性商业模式可以从以下五个方面来协作运行：客户策略、吸引客户、与客户沟通、价值提供方式及如何保持企业竞争力。

第一，客户策略。客户分析是商业模式运作的起点，是企业收入的来源，所以要先对客户进行详细的分析并基于此形成公司的客户策略。客户分析可以从以下几点入手，将客户按行业、规模、已有客户和潜在客户等方式分类，调查各类客户在同行业客户中的特点和需求特征（如各种类型客户的特征，他们的偏好，他们与需求之间的关系，等等）制定出符合各类客户的业务内容和运营流程（针对客户的发展趋势判断出该给予其何种价值，明确知道各类客户的需求，发现与客户的运作相关的企业产品的特点），最后根据各类客户对企业的收入、毛利所做贡献及所占结构和比例画出客户的变化趋势图表。

第二，在上述对客户进行具体详细的分析之后，下一步就是根据已有的信息制定吸引客户的策略。首先对公司已有的产品和服务进行目标客户定位及客户价值确定。其次是了解已有的产品和服务对客户价值的满足程度。再次，针对客户可能的需求变化来进行产品和服务的建设。最后，在对产品和服务的建设中，建造其量化的模型，以用来选择一种能带来利益最大化的产品和服务建设策略。在这个过程中，还包括一系列运作的细节问题，如产品的设计、定价，产品的投入策略的制定，等等。

第三，与客户的沟通策略。与客户沟通是商业模式运作方向正确的保证。在沟通之前，先要了解各类客户获取信息的方式和渠道以明确其偏好，如有的喜欢看电视，有的喜欢看报纸，等等，以此来确定企业与客户沟通的方式。企业与客户沟通时，还要注意自身品牌的塑造和市场定位，企业想要传递给客户什么样的内容等事先都要准备好。因为不同的客户具有不同的价值取向和行为偏好，要设计不同的沟通内容和沟通渠道。沟通是双向的，企业在向客户传达其价值主张的时候，也要听取来自客户的不同需求，可以通过定期会议、开通网站、培训、服务热线及管理人员拜访客户等形式来获取来自客户的信息。

第四，价值提供方式。对客户提供价值的时候也要讲究策略。

首先要对企业价值链过程进行分析，通过了解客户的需要和定位目标客户群来选择提供给目标客户的价值组合，通过对提供价值的各个部分如产品设计、销售、定价等要素的分析总结以及对竞争对手的分析来判断形成企业的具体运作过程。确定企业的运作过程后，要明确企业内部组织结构是否需要调整，其现有工作流程是否适应企业的运作，如若不然，要及时进行人事、组织结构和工作流程方面的调整。

第五，形成核心竞争力。通过对以上四个方面的分析，可以了解运营性商业模式的逻辑图谱，从而可以明了哪些应该是重点关注的竞争要素，可能其中某个竞争要素会逐渐发展成为企业的核心竞争力。

总之，运营性商业模式重点解决的是企业与其所处环境（包括与产业链环节）之间的互动关系。

十三、渠道商业模式

在山东有这样一个医药公司，山东的客户只要缺货 200 元以上，给该医药公司打一个电话，该医药公司就可以在 24 小时之内将药品配好并送到客户指定的地方。该医药公司就是运用这种模式，在 2004 年做出了 30 亿元的业绩。而该医药公司原先仅仅是一个经销商，现在却成为了能够影响整个山东医药界的企业，身份也由原先的经销商转变成了配送商。短短的几年时间，该公司却发生了天翻地覆的变化，它是如何做到的呢?

一方面，山东的公路修得比较完善，几乎任何一个小村庄的小诊所都通公路，这给该公司的配送工作带来了很大的方便；另一方面，该公司设置有信息处理中心，专门处理客户订货电话以及配货工作，工作效率较高。也就是说，它的销售渠道是非常畅通的，目前，该公司的药品渠道做得已经很完善，山东省几乎90%的药品企业、批发商、零售商都要进入该公司的销售体系来销售各自的产品。当然，在这种情况下，该企业的利润也相当可观。

以上该公司的运营模式便是渠道商业模式，因为该公司的渠道优势，以及渠道规模的壮大，所以该医药公司的主要工作几乎都是在渠道上，而非在药品销售上，经营医药渠道成了公司的主营业务。这是该公司从医药经销商身份转换为渠道商身份的主要原因，也是能够吸引各大医药经销商、企业等机构进入它的渠道的主要因素。

比如联想集团在刚开始发展的时候，采用的便是渠道商业模式。首先，他们将销售网络扩展到了全国各地，与经销商建立了密切的合作关系，充分疏通了各个销售渠道；其次，联想一直坚持“贸工技”的发展战略，也就是从贸易到工厂再到技术。在整个电脑的产业链中，紧盯一些大公司在渠道环节中的弱点，从而形成了具有联想特点的渠道商业模式。

其实，从柳传志提出的“贸工技”发展战略中我们就可以隐约看到当时联想集团的渠道商业模式，因为他将贸易即产品流通环节放在了第一位。在当时的市场环境下，也正是联想集团的渠道商业模式让联想不断发展壮大。

再比如，在手机领域，当下市场上各种各样的手机琳琅满目，让人应接不暇，我们暂且将手机分为两类，一类为国产手机，一类为进口手机，也就是国外品牌。论质量技术，进口手机通常要比国产手机强，比如三星、苹果等，这些手机的功能、技术一直都处于领先地位。当然，价格也要比国产手机贵；论管理，进口手机企业的管理模式也要比国产手机企业的管理模式先进完善；论资金优势，国产手机企业更不能和这些国外大企业比，显然不是他们的对手。在这种情况下，国产手机似乎没有了活路，尤其是一些山寨手机，几乎没有和国外品牌竞争的优势，但是从现实情况来看，依然有很多国人在用国产手机，一些国产手机销量依然很好，企业运营似乎很是稳定，这是什么原因呢？

深入分析我们会发现，大多数国产手机企业采用的都是农村包围城市的渠道商业模式，国产手机有一个最大的特点，那就是便宜，这一点对经济条件一般的农村消费者来说是非常具有诱惑力的。所以，他们针对人们的爱好生产出各种款式的手机，首先将目标市场放在了农村，用遍地开花的销售方式进行销售，赢得了消费者的喜爱，从而占领了中低端市场。这便是大多数国产手机企业所运用的渠道商业模式。

一个企业良性运作，首先要有一个良性的渠道，从某种意义上说，一个企业的渠道影响着它的商业模式，因为渠道是企业商业模式的重要组成部分，而当企业的运营模式以渠道为主的时候，那么该企业的商业模式就变成了渠道商业模式。从企业运营的角度分析，一个成功的渠道商业模式需要企业各个方面的精密配合，比如产品推广、营销方式、商务支持、客户管理、人事管理等，这些因素的进行都要围绕渠道去匹配及运营，这样才会让渠道商业模式更加顺畅地运转。

十四、品牌商业模式

品牌可以成为一种商业模式吗？答案是肯定的。因为商业模式是企业为获得持续利润而形成的一种交易方式。有了这种方式的存在，品牌就会演变成一种商业模式，且是一种成功的商业模式，因为品牌参与了企业与客户的交易，而且使企业获得了长期的、持续的利润。

2014 年谷歌的市值是 4000 亿美元，而其品牌价值则达 1590 亿美元。如果你要收购谷歌，4000 亿美元肯定不行，但如果谷歌没有了市值，它依靠其品牌价值还可以东山再起，谷歌这个品牌在市场上的知名度和美誉度是其关键。

企业的品牌是一个无形的东西，但它却是企业在市场竞争中占领优势的法宝。因为除却产品性能和质量外，品牌也是决定产品价格的决定因素。对于同类产品，谷歌出品和某普通品牌出品，即使谷歌的性价比不高，消费者也愿意选择谷歌。在这个过程中，被消费的不仅仅是产品，还有品牌，它也为企业创造了价值。

因此，品牌商业模式可以这样来理解：品牌商业模式就是把品牌当作一个可独立的“虚拟资产”来经营，同时以品牌为核心进行虚拟的整合。品牌可当作一个独立的“虚拟资产”来经营，是因为它能创造出真正的现金流。比如，那些体育明星、演艺明星可以不通过比赛或者参加商演而只是通过出售自己的形象来获益，这些人的形象就是虚拟的资产。

品牌的交易是一种霸权交易，因为我们只能消费品牌而不能拥有其所有权。而且，品牌可以多次重复地被消费，并在消费的过程中又不断地积累提升了自身的价值。比如苹果手机，在它的销售价格中，其中有一部分是“苹果”这个品牌的价值，苹果手机被卖给了多少人，这个品牌也就被消费了多少次，且在苹果手机的销售过程中，“苹果”这个品牌不断地被宣传，被更多人知道，其品牌价值进一步提高。

品牌商业模式的运作方式主要是通过特许、授权、联盟等方式创造收入来源。比如上海的一家商场被淘宝网授权可冠名为淘宝城，而该淘宝城每年要向淘宝网支付上千万元的品牌使用费。在一些商业联盟中，某些普通品牌的产品就可以和一些大牌产品组合销售，借助这些知名品牌在客户心中的信任感，把自己的产品依靠这种对知名品牌的信任嫁接进客户心里。因为借助了知名品牌的品牌效应和渠道或者客户群，这些普通品牌当然要向拥有知名品牌的企业支付报酬。

由于品牌具有的特殊的能够创造价值的特性，越来越多的企业开始有计划、有目的地提出自己的品牌发展战略，于是以品牌为核心的虚拟经营模式产生了。这种经营模式包括虚拟生产、虚拟营销、虚拟研发及联盟等。

在国内，利用这一模式获得成功的有很多企业。蒙牛就是通过虚拟经营而成功的案例。现在的乳制品行业，蒙牛是当仁不让的领导品牌。但有谁知道，蒙牛成立之初，只是一个“无工厂、无奶源、无市场”的“三无”小厂呢？资金的限制以及行业发展态势，使得蒙牛走出了一条整合资源虚拟经营的品牌发展之路。资金有限，那就把资金用在品牌的宣传推广上，而工厂和奶源则是别人的，不占用资金。于是，由于虚拟经营而轻装上阵的蒙牛在短短的时间内就打开了知名度，一跃成为国内乳制品行业的领导品牌。

综上所述，品牌商业模式的本质就是虚拟经营，而虚拟经营的实质则是借用、整合外部的资源，以提高企业自身的竞争力。在现代信息化高速发展的社会中，市场机会稍纵即逝，而一个企业不可能是一个全能型企业，在市场快速变化的时候，运用品牌商业模式进行运作，借用、整合契合自己企业的资源，就有可能抓住市场机会，实现企业快速发展。如现在世界500强公司中的三分之一就是靠品牌联盟实现快速扩张的。

十五、研发商业模式

研发一直是生产销售型企业赖以生存的基础。企业的研发活动对其企业自身技术水平的提高和研发技术、成果所带来的长期效益也是当今世界上存在那么多专业实验室的原因。

研发型商业模式是指企业核心价值的创造主要靠研发来实现。从企业投资研发角度来对研发商业模式进行分类，研发商业模式可以分为四种：自主研发、研发联盟、研发并购和技术购买。

自主研发是指企业通过利用自身资源和努力独立自主地攻克技术难关并在此基础上完成技术的商品化、利润化，从而达到企业研发的目标的活动。自主研发的优点是可以使企业在各方面稳定成长，积累企业的技术资源和能力、知识，相比之后出现的研发联盟和研发并购模式更容易操作。但其缺点是企业的成长缓慢，可利用的研发资源和渠道有限，如果研发周期过长或研发出现失误会对公司造成毁灭性打击。

研发联盟是指企业间为了同一目标而结成的研发新产品、新技术或新项目以获得市场优势的战略联盟。战略联盟的优点是企业可以资源互补，如资金、技术、能力和渠道等，且发展速度快，组织灵活，如可进行各种有利于自身企业的合作等。其缺点是各联盟体虽相互联系，但又相互独立，难以管理；由于企业自身的立场，知识的整合难以有效进行，而且有可能在无意中对竞争对手进行了援助。

研发并购是通过企业并购获得技术专利和研发团队等用于自身企

业的技术支持和技术能力培育的活动。研发并购的特点是双方主动、主要存在于大企业和中小型企业之间的资源互补以及并购时间短。不同于传统的企业并购，研发并购的双方不是大鱼吃小鱼，大企业和小企业均可主动推进并购，因其需要的是技术和资源优势的互补，且新技术或新产品的时效性很重要，可能到了明天这种新产品或新技术就一文不值了。

研发并购的优点是企业的扩张速度会加快，在保有现在市场和结构的情况下扩大了企业的市场占有率，为企业的各方面发展尤其是研发技术的发展提供了新资源，并购的行为排除了潜在的竞争对手，企业的融资方式更加多样化。

其缺点有：一是成本高。研发并购的目的主要是为了获取技术，但并购的是整个公司，伴随着并购企业并不需要的大量业务，且经常要对目标企业做出重大承诺和承担义务；二是由于研发并购其时效性的特点，使并购企业难以对目标企业进行准确的估测；三是把两家或两家以上的企业进行重组所需的协同条件要求较高，且容易发生文化和组织冲突。

技术购买模式是指为实现企业的自主创新，把购买后的技术进行消化吸收来增加企业自身的技术和知识储备，不是单纯地把购买后的技术直接商品化、利润化。

这四种模式在企业的研发中都被广泛使用，企业可根据自身实际情况和外部环境选择适合自己的研发商业模式。当然，这几种商业模式在一个企业中有时候并不是单独存在的，一个企业因其资源配置的不同或发展阶段的不同可以同时采取两种或两种以上的方式。在现代快速变化的商业环境中，这四种模式被企业或交叉利用或变异使用，但都离不开上述四种模式的窠臼。

十六、商业融资租赁商业模式

所谓商业融资商业模式，通俗地讲就是借鸡下蛋，利用他人的钱不断发展壮大自己的企业，从中赚取利润。最为常见的便是贷款，然后向贷款机构支付利息，事实上，当下大部分企业都在运用这种模式经营。

而这一节我们所要分享的是融资租赁商业模式，与融资商业模式有共同之处，但也有很大的区别。有这样一家企业，发展得还相对不错，但经营者需要购买新设备，扩大经营规模，推动企业的发展，购买设备总共需要资金 500 万元。而企业没有这么多资金，也没有足够的抵押资产从银行及其他贷款机构获得这么多钱，这时企业该怎么办呢？

其实，当下很多企业都曾遇到过这样的问题，尤其是一些小企业，一方面因为它们的资本少，信用度低，很难从贷款机构获得大量的资金来发展；一方面贷款机构通常有很多的限制条件，比如偿还周期、补偿性余额等，即使贷到款，也会因为这些限制条件阻碍企业的发展。

在这种情况下，融资租赁公司便出现了。这个机构可以为企业购买它们所需的设备，然后企业只需要从这个机构租赁这些设备进行使用，每季度或者每年向该机构支付相应的租金即可。这样便可以完全解决企业资金难的问题，同时，租金与购买设备的资金相比要少很多，这样既不占用企业大量的资金，又能够促进企业扩大规模生产。

对于企业来说，由于融资租赁机构对企业的限制要求条件比较低，对企业经营的项目要求也不是很高，进入门槛低，所以几乎所有企业都可以采用这种模式进行运营，能够减少企业在运营过程中因为资金问题而产生的阻碍企业发展的因素，不仅能够提高企业在市场的竞争能力，而且由于企业不用担心设备维护、处置的事情，可以专心将精力放在产品生产研发上，可提高产品质量和技术水平，最重要的是能够解决企业资金不足的问题。

对于融资租赁机构来说，因为设备的所有权是属于自己的，企业只有使用权，所以在整个合作中处于主动地位。租赁机构一般会选择与商业银行合作，这样的话就改变了原先银行向企业发放贷款购买设备的状态，成为银行直接和融资租赁机构对接，压缩了银行信贷的业务流程，有效降低了信贷风险。同时，融资租赁机构可以利用这种模式不间断地从企业那里获得稳定的利润。

有人可能会有这样的疑问，万一承租企业破产或者不按时支付租金，或者随意违约怎么办？融资租赁机构购买的这些设备又该怎么办？

金融租赁机构在与承租企业签订合同时，承租企业一般具有留购、续租以及退租的权利，有些企业可能在经营的过程中，在资金充足的情况下会购买这些设备。由于所有权是属于融资租赁机构的，所以即使企业破产，企业所使用的设备也不参加随之带来的风险中。

对于承租企业的违约问题，融资租赁机构通过提高违约成本，采用法律、经济、技术等手段，制约承租企业的这种不信用行为，使其不敢轻易违约。当前一些美国融资租赁机构通常会采用以下方法来降低自身风险：

第一，收取企业保证金。保证金通常是设备价格的 10% ~ 30%，如果企业违约，保证金则属于融资租赁机构。

第二，与设备供应商、承租企业签订回购协议。如果承租企业违约或者不能按约定的金额支付租金，设备供应商需要回购设备。对于回购的设备，设备供应商可以转到二手市场，依然可以获得利润。

第三，控制租金收取周期。承租企业支付租金的周期通常是一个月到三个月之间。这样，融资租赁公司可以及时发现承租企业中的问题，避免一些风险。

通过以上三种措施，目前美国一些融资租赁企业利用这种商业模式发展良好，而且规模在不断扩大。经过深入分析，其实，除了在制造业可以运用这种商业模式，在其他行业也可以运用这种商业模式，比如通过融资租赁的方式做销售、营销，不过在这些方面目前还没有一个成熟的方式，需要我们不断地探索研究。

十七、产业链整合商业模式

产业链整合商业模式是指围绕产业运营链条为企业获取利润提供的整套解决方案。例如，某轴承公司和玩具厂进行资源组合后，轴承公司提供的优质轴承和机床为玩具厂劳动生产率的提高提供了很大帮助，但是这并不意味着这家玩具厂不能因为原材料成本和进出口汇率的变化而破产。除非它能超越只进行单纯的玩具制造，把玩具制造这个链条嵌入到一条更宽更长的产业带中。下面结合具体实例来了解一下如何操作产业链整合。

雅昌文化集团成立于1993年，成立之初只是一家处于产业链末端的印刷企业，但现如今，它已是全球最卓越的印刷公司之一，其产品和服务涵盖艺术品拍卖、美术、摄影等艺术领域和汽车、金融等高档奢侈品领域，其业务范围更是遍及美、日、欧和东南亚等地。它是如何发展壮大起来的？它是如何实现从一个传统印刷企业到文化集团的模式的转变的？

第一，商业模式转变的起点。雅昌的领军人物万捷是一个对彩色印刷技术有着深度领悟的创新型企业家，凭借其对印刷技术的改进与提升，雅昌在印刷企业中迅速脱颖而出，占领了印刷业高端领域，如个人艺术品印刷、拍卖品印刷、企业顶级画册印刷等的大部分市场。但雅昌在几乎垄断了这个高端领域的“小众”市场后，并没有满足已取得的成绩。

万捷曾说：“不管多么大的印刷企业，只是大作坊、小作坊的区别，都是小工厂放大了来做，并没有解决物流、产业链、信息管理等问题。雅昌引进了IT业的管理模式能改变多少现在还不好说，但是我相信一定会改变。”由此可见，万捷是想把传统的简单的作坊式企业改造成一个利用IT技术解决产业链条衔接的企业。

第二，商业模式转变的突破点。如何把IT技术融入到印刷行业呢？雅昌在为客户完成画册之类的印刷之后，大量的精美图片除非再版否则已经无用，浪费掉实在可惜。以此为契机，雅昌成立了一个图片数据库，帮助客户管理图片资料。经过多方搜集和整理，本着以最低成本搜集、解决版权和安全问题、持续开创数据库价值的原则，雅昌拥有了艺术品拍卖市场数据库、艺术家及作品数据库、书画印鉴数据库和画谱收录书画著录数据库这个庞大的图片数据资源库。

第三，数字资源库的利用——打造三位一体的平台。如何让数据库产生价值呢，基于为客户提供增值服务的思想，雅昌成立了“雅昌艺术网”和“雅昌艺术馆”，与原有的印刷业务构建了一个“印刷+IT+艺术”的平台。至此，雅昌全新的商业模式已现雏形。

这个平台是如何为雅昌赢利的呢？

首先，艺术家可能进入雅昌艺术网的数据库，对自己的作品进行存储、整合与管理，同时，雅昌也会利用这些艺术作品为艺术家们获取商业价值。网站因此聚集了大量的艺术家资源。

其次，雅昌根据艺术作品价值在市场上的走势，设计出了一套“雅昌艺术指数”，深受艺术投资者们的喜爱，谁要了解艺术品的市场走向，登录雅昌艺术网便可知道。

最后，雅昌艺术网还开发了一套“拍卖市场行情发布系统”，拍卖行所要拍卖的作品可以在网上预展，由于雅昌艺术网深受艺术投资者的喜爱，网站会员很多，因此，这个网上预展活动给拍卖行加大了宣传，拍卖效果超乎想象，深得拍卖行的信赖。

通过这三个环节的环环相扣，雅昌艺术网不仅聚集了艺术家、投资者、拍卖行的大量人气，而且带动了其印刷业务和艺术馆作品的赢利。

从处于上游的提供艺术作品的艺术家，到处于中游的拍卖行，再到下游的艺术衍生品市场，如画册印刷、摄影等，一条整合后的垂直产业链条清晰凸显。雅昌完成了从单一印刷业务到具有十几个利润增长点的艺术品产业链的转变。

具体来讲，产业链整合商业模式就是以企业为视角，分析企业所在产业链的发展与演变、利用自身资源和优势对产业链进行或纵向或横向或垂直的整合，及时改变现有商业模式，增强企业竞争力。

十八、异业联盟商业模式

2009 年冠军联盟成立，开始了一系列的惠民促销活动，先后成功举办了“千城万店”、“2010 元旦促销”、“家好月圆”家居文化节及“中国梦冠军情”等活动，在全国家居市场引起了巨大反响。

冠军联盟是个什么组织呢？冠军联盟是泛家居行业的企业如大自

然地板、东鹏瓷砖、雷士照明、万和电气及美的电器等 8 大品牌的异业联盟，旨在通过整合产品及服务资源，在品牌、客户服务、渠道等层面深度合作，为消费者打造家居一体化的解决方案。冠军联盟树立了异业联盟商业模式的典范。

由上例可知，异业联盟商业模式就是不同行业、不同层次的商业主体为了获得共同的利益，通过某个组织机构或网站而组成的商业联盟。这种商业联盟的组成成员间相对独立，但又存在一定的利益联系，是一种资源共享、利益共存的联盟。

随着商业世界日益繁荣发展，市场竞争愈发残酷。各个行业的一些大品牌或大企业具有相对明显的市场优势，从而渐渐形成了市场垄断的格局。而那些中小企业、中小品牌为了打破这种垄断局面，获得生存之地，就必须联合起来，进行整合、优势互补来对抗大品牌的侵蚀。但像冠军联盟的成立，则是另一种情况，在联盟成立之前，整个泛家居行业正处于寒冷季，8 大品牌进行异业联盟主要是抱团取暖，通过联盟来对抗不景气的大环境。

异业联盟商业模式的本质就是利用某个虚拟平台让联盟内的各个商业主体之间实现资源、信息共享，业务互补，实现共赢。因此，它跟同业联盟的最大不同之处是，同业联盟一般是行业中商业主体的强强联合，其组织相对松散，而异业联盟中的商业主体的主要关系不是竞争，而是互补关系，以一个虚拟的组织机构或网站形式存在，组织紧密，对成员的要求严格。

异业联盟商业模式有五个特性，分别是：

第一，联盟内商业主体的差异性。异业联盟实现共赢的宗旨决定了其各商业主体之间应该没有利益的冲突，因而，这些商业主体应该是具有行业差异性的主体，或同一行业具有阶段性差异化的主体。

第二，联盟内各商业主体不存在竞争。这是基于第一个特性而产生的，商业主体的差异性促使各主体之间无利益冲突。只有这样，异业联盟才能作为一个完整的系统和谐地运行，才能发挥各主体的积极性，实现共赢。

第三，联盟内各主体之间能够有效互补。异业联盟作为一种合作共赢的商业模式，其出发点就是为了使各商业主体实现利润最大化。联盟内的各商业主体或多或少都会找到与对方合作的切合点，从而以此点为自己创造价值。例如，消费某一特定额度的 A 产品，赠送一张 B 产品的优惠券，等等。虽然这种互补有时候不是最理想的，但一样会为双方带来利益。商业个体之间的这种互补性为联盟的成立提供了可能。

第四，异业联盟运作呈现出网格性联系。网格是 IT 领域的一个定义，指“一种用于集成或共享地理上分布的各种资源，如计算机系统、文件、数据库、程序等，使之成为有机的整体，共同完成各种所需任务的机制”。异业联盟就是利用这种网格性，把各个处于不同行业、不同层次或不同领域的商业主体集约在一起进行有机整合，发挥团体效益。这些商业主体表面上看来相互独立，但深入来看，却都能发现彼此的利益联结点。

第五，异业联盟的第五个特性是收益根式的延伸性。就像大树成长需要根部努力向营养处伸展一样，在异业联盟合作日益成熟的基础上，各个商业主体也会向各个可能产生利益的结点进行效益的深度挖掘，以提升自身品牌，降低成本，吸引客户。

以上是异业联盟的基本特性，也是异业联盟能够创建和持续壮大的前提。下面主要介绍异业联盟的几种模式。

第一，折扣券。婚庆公司可以给金店、珠宝店、花店等折扣券，家电卖场可以给家具店和布艺店的折扣券，等等。因为折扣券本身可以当作一种企业宣传的媒介，能够为公司带来大量客户，而企业所付出的仅是一点点印刷成本。这种不同行业间赠送客户折扣券的行为，可以互通有无，为企业增加销售渠道的同时，也为消费者提供了多元化的价值。

第二，推广会。例如某百货公司要举办一场为期一周的“时尚达人”周，活动门票定价为88元，参加活动的人除了可以观看百货公司提供的各种表演活动和与每天一位的影视红星近距离接触，还能得到一套百货公司价值200元的优惠券。百货公司把其供应商聚集在一起，告诉他们这次活动能带来多少新客户，带动多少消费，一串串的数字给供应商们带来无限诱惑。于是，这些供应商们不但提供了自己的会员资料，而且还拿出自己的产品和优惠措施让百货公司进行推广组合，同时还提供一定资金对这次活动进行赞助。

比如，美容店提供的现场专业美容指导和免费彩妆服务，珠宝品牌提供的珠宝免费清洗和鉴定服务；某影楼提供的价值千元的摄影套餐；某品牌服装提供的价值200元的代金券；家电卖场赠送的精致小家电；等等，参加活动的客户只要花费88元就可得到差不多全部价值为2000元的产品和服务。这对客户来说有很大吸引力。百货公司也一直加大这次活动的宣传力度，除了力邀那些供应商的会员参加以外，在全市范围内进行了大力宣传。于是，七天的活动门票销售一空，门票和供应商的资金赞助不仅抵消了活动的费用，还略有盈余。百货公司的知名度在短短的时间内迅速提高，销量迅速提升。而且其他联盟者也吸引了大量的新客户，达到了目的。

第三，赠品。一般新产品进入市场会利用此种模式。比如，某公司新推出一款高档化妆品，就选择了某高档服装品牌作为联盟，把其化妆品作为赠品来给送目标客户。且化妆品的试用装包装精致、高档，深受女性群体的喜欢。想让消费者接受一项新品，信任非常重要。因为此品牌服装受到女性客户的信任，连带的对此品牌推出的其他商品也会产生信任。该化妆品公司利用这种信任的嫁接，使自己的利益得到最大化。

第四，合作代销。全世界最大的直销公司是安利，它成功地把每一个客户变成了其经销商。安利的经销商遍布全球，这一点谁也无法否认。某些公司看重了安利的庞大的销售网，于是与安利合作，让安利代销其产品，如厨具、大米之类，销量大增。

另外，异业联盟的模式还有举行公益活动以及与新闻媒体合作等方式。

通过异业联盟，虽然能使两个或更多的企业得到更好的发展，但也存在一些问题。例如，一些联盟急于求成，只注重了表面形式上的合作，对一些具体要素，如对各商业主体应明确的权利和义务，如何利用各自的资源展开业务合作等未做明确规范，以至于到合作后期出现执行力不够，或发生不愉快。

所以，异业联盟应置于严格的管理体系之下，让专业人员负责跟进合作事项，巩固各商业主体间的关系，发挥联盟的最大优势。还有，商业主体不要盲目地进入异业联盟，有时不合适的合作对象对自身品牌的提升不但没有效果，反而会影响商业主体的声誉。

十九、业内联盟商业模式

某中型水泵厂主要产品是农业用泵和潜水泵，在河南这样的农业大省销量很不错。水泵厂总经理是个很有抱负的企业家，他不满足于这样的成绩，想要立足河南，走向全国。但自己公司产品数量有限，而且他也发现，在销售过程中，有很多客户咨询工业用泵、化学用泵而自己没有，因此还损失了很多客户。

在这样的情况下，他想要把企业走出去很难。于是，由他倡议提出在河南省内泵阀行业内建立起一个泵阀联盟，但联盟建立之初，很多中小企业和大企业持怀疑态度，并未加入，只有几个同规模大小的泵厂加入。

他们定期召开联盟会议，交流业内信息。比如，在联盟内把各企业的产品名录存档，在客户进行泵种咨询时，可从联盟内泵厂调货给客户。而且，通过联盟，在全国许多大型项目招投标中，凭借其泵种齐全、技术支持服务雄厚的基础，在泵阀标段中中标机会大大增加，该企业实现了走向全国的目标，同时也带动了联盟内同行企业的产销量，其销售额已超过省内几家大型泵厂。在看到联盟的成功之后，这些企业纷纷要求加入该联盟。

从上例可以看出，业内联盟就是同行业内各企业之间建立起的一种为促进各自发展或维护行业利益的一种商业模式。

在这种模式中，相比异业联盟模式，各企业间的联系比较松散，相互之间独立性很强，只有在特定环境下才会发生联系，如企业内的调换商品、技术人员的支持、大型项目的投标等，在目的达成之后，又回归到各自独立的状态。比如，现在图书、音像制品等出版行业结成的反盗版联盟，联盟的主要目的是通过各种资源来制止盗版行为。但在这个目的之外，出版行业内的各企业还是各自独立、互不干扰的。

如果对业内联盟进行细分的话，业内联盟可以分为两种形式，一种是商业主体间互补型的联盟，如上述的水泵厂案例；还有一种就是竞争型商业主体间的联盟。当然，随着商业的发展，各种商业模式的不断创新，业内联盟的形式势必会不断发展变化，出现新的形式。

生产日化用品的A企业，其在全国的市场份额为30%，无数的小企业占有大概40%，几家大型日化用品企业共同占有剩下的30%。

为了再次扩大市场占有率，A企业决定和竞争对手合作。它联合其他几家大型企业，形成强强联盟，凭借其联盟规模化生产的优势，实行价格战，迫使很多小企业都退出了市场，这个联盟一度几乎垄断了全国90%的市场份额，企业利润大幅增长。

在市场竞争残酷的今天，业内联盟合作很有必要，它可以实现市场信息的互通有无，可以降低企业成本，可以实现市场的垄断占有优势。但在建立这种联盟的同时，还应注意一些问题。虽然业内联盟中各商业主体之间的联系相对松散，独立性较强，但在实行这种商业模式时，必须定下一定的业内规则。这些规则是企业间合作信任的基础。

二十、互联网O2O商业模式

O2O，是英文Online to Offline的缩写，2010年才被Alex Rampell提出。O2O商业模式，简单来讲，就是把现实与虚拟结合，线下购物、线上付款的商业模式。

有人提出疑问，这不是与电子商务里的B2C和C2C的关系一样吗？虽然O2O商业模式和B2C和C2C均是在线支付，但它们之间是属于与被属于的关系，O2O的商业模式包含了B2C和C2C的关系，且比二者有更多的优势。

我们通过O2O模式的发展历程可以对这种模式了解得更加深刻。

O2O的概念是在2010年提出来的，但它在电子商务领域的实际应用却早已开始了。在中国运用 O2O 模式最早的公司要属携程旅行网了。携程最早的运作模式就是把其业务分为线上和线下两部分。在线上，携程网向消费者提供“目的地指南”，其指南涵盖了全球著名的旅游景点和旅游线路，以供消费者选择；在线下，携程收购或选择与旅游公司、酒店等合作，引导消费者到其旗下的实体公司接受服务。携程的这种模式只在线上发生信息流，而不发生资金流，因其是在线下支付的。这是 O2O 最初的模型。

后来出现的看购娱乐，开始实行线上预付款，线下交易的形式。消费者可以通过看购网，在线上预订全国近百家电影院的电影票并有一定幅度的优惠。同时，看购网把电影院同票务订制、会员卡充值、娱乐资讯、影视宣传及周边营销活动业务等进行整合，打造了自己的娱乐品牌。看购网的这种线上预约消费，线下享受商品服务的方式一度很流行，比如近几年如雨后春笋般出现的团购网就是 O2O 模式典型应用。因而 O2O 模式也一度被称为团购模式。到此时，线上和线下的融合渐深。

随着互联网用户量突飞猛进的增长，物流、支付手段等条件的改善，使网上交易发展日新月异，O2O 模式渐渐完善了其模式。这里一个最明了的例子就是淘宝网的出现。在淘宝线上只进行信息流和资金流，在线下只进行物流和商流（即商品流通）。O2O 模式在此时已经很成熟了。

线上和线下的融合度在一步一步提高，O2O 的模式也在朝着多样化的方向发展。比如由沃尔玛控股的 B2C 商城推出的“无限 1 号店”线下虚拟商店；再比如支付宝同线下卖场上品折扣合作推出的“移动支付”服务，实现了线下购物、线上付款。

综上所述，O2O 商业模式有以下一些优势：

首先，它利用互联网这个大平台，把各种信息汇集到了一起，无地域限制、信息流量大、潜在消费群体基数大，充分挖掘线下的资源，促成线上和线下的交易。

其次，O2O 模式因其线上支付的特点，它的每一笔交易都可以被跟踪，使商家对其营销效果有一个准确的统计和评估，对消费者消费行为的把握更加准确，比传统的商业模式推广效果的不可预测性有了更直观的数据支持，从而吸引更多的商家加入进来，使线上的产品和服务更加优质化。

再次，O2O 的模式中，其商品和服务具有价格低廉，购买方便，且消费者获取各种优惠信息快捷方便。为此，O2O 的模式拓展了电子商务的服务域，使其向着更加多元化的方向发展。

最后，O2O 模式把线上的信息和线下的体验环节结合到了一起，避免线下消费者因信息不畅而遭遇价格蒙蔽，同时也实现了消费者的售前体验。

第六章　在创新中保持企业的活性

一、成功的商业模式需要创新

任何事物在发展的过程中，创新就会活，不创新必定会死。商业模式也是一样，随着社会经济的高速发展和变化，原有的商业模式会随着时间的推移与社会经济产生不完全匹配性，这时就需要对原有的商业模式进行适时地调整，以适应变化中的社会经济。所以说，商业模式的创新是非常重要的。那么，什么是商业模式创新呢？

首先，我们对商业模式创新做一个基本的了解，这个概念产生于20 世纪 90 年代中期。当时，互联网在美国的出现及普及应用，改变了原先固有的基本商业竞争模式和规则，以前一些看似不可能的商业实践，在互联网的促进下变成了可能，同时，一些新的企业应运而生。比如雅虎、eBay 等企业，这些企业主要运用新的商业模式在互联网行业很快成为百万富翁乃至亿万富翁，其中包括现在美国航空技术公司的老板、特斯拉汽车的掌门马斯克。因为他们赚钱经营的方式明显有别于传统行业，所以，商业模式创新这个词汇开始流行起来。

随着这些企业的发展，新的商业模式体现出了强大的生命力和竞争力，给传统行业带来了巨大的挑战。1998 年之后，美国政府对一些创新的商业模式给予了奖励甚至授予专利，这种方式极大地激励了一些准备创业以及已经有企业的人，他们开始重新思考企业赚钱的方式，思考自己企业商业模式新的方式，为此，商业模式创新开始被重视起来。

其次，要对商业模式创新有一个更加深入的了解，我们先回顾一下商业模式的定义。相关人士曾经对商业模式有这样一个定义：商业模式是指一个产品、服务以及信息流的完整体系，在这个体系中，包含着每一个参与者以及他们在这个体系中所起到的作用，还包括他们在参与过程中所获得的利益以及来源方式，这是一个完整的闭环状态。商业模式创新的目的是能够让这个体系更加完整、平顺地运转，所以说，商业模式的创新在一个企业中的重要性不亚于技术创新。它是为企业在创造价值的过程中提供的创新变化，通俗地说就是保证企业能够以更加稳定、高效的方式赚钱。

与传统的创新类型相比，商业模式创新有这样几个特点：

第一，更加注重客户的感受。进行商业模式创新的目的是为了得到更多的利润，而对于一个企业来说，利润来自于客户，因此，商业模式的创新会从客户的角度出发，开放性地进行创新，视角更加外向。如何为客户创造更多的价值，成为商业模式创新的出发点，根据客户的需求，考虑如何满足需求，是商业模式的一大特点。

第二，更加系统，涉及方面更广。商业模式创新工作不是某单一因素的变化，它涉及商业模式中多个要素的变化，牵一发而动全身，是一种集成创新。比如一个企业推出了新的产品或者生产工艺，这仅仅是一种技术创新，而在当今服务为主导的时代，服务创新也至关重要，因此，在进行技术创新的同时还要进行服务创新，这样才能算是一个完整的商业模式创新。

第三，完善赢利模式。从赢利的角度分析，商业模式的创新能够为企业带来持久的赢利能力和竞争优势。从传统的创新结果来看，通常能够使企业内部效率提高，成本降低，但容易被其他企业模仿。而商业模式创新不但具有以上传统创新的优势，它还不容易让竞争对手所模仿，能够为企业带来战略性的竞争优势。

商业模式创新主要有以下四种方法：

第一，从收入模式入手。需要企业从客户的需求入手，这里不是从市场营销的角度去寻找客户的需求，而是从更加宏观的角度定义客户需求。明白客户购买你的产品后要完成的目标是什么，他需要的方案是什么，一旦确定了此解决方案，也就确定了客户对产品价值的定义，然后从此入手进行商业模式创新。

第二，从企业模式入手。通俗地讲就是改变企业在市场及产业链中原有的位置和所扮演的角色。通常企业运营是由“造”和“卖”组成的，前者由自身完成，后者需要同其他合作者一起完成。通常这是一种垂直整合策略，比如 IBM 早年主要从事电脑制造销售产业，在 90 年代初期意识到无利可图时，随即出售了此业务，进入了 IT 服务咨询业，扩展了软件部门，改变了他在产业链中原有的位置和商业模式。

第三，从产业模式入手。这是一种激进的商业模式创新，因为这种方式需要企业重新定义原有的产业，进入或创造一个新的产业。这种方式很多企业现在都在做，比如亚马逊，他将产业链向后方延伸，为商业用户提供物流、信息技术管理等方面的服务，并开放了自身的全球 20 个货物配发中心，开始进入提供平台、软件和服务领域。

第四，从技术模式入手。产品创新是商业模式创新的主要力量，而产品要创新，离不开技术的变革。企业可以通过引进先进的技术或者通过技术革新来主导商业模式的创新。比如当前的 3D 打印技术，如果此项技术成熟，那么，很多相关企业就可以通过此项技术改变自己的商业模式，比如汽车厂家可以用 3D 打印技术代替传统的零件生产，提高生产效率，甚至可以采用直销的方式在网上直接订货。

总之，不管采用何种商业创新方式，如何进行创新，从企业长远的角度分析，商业模式创新对一个企业来说非常重要，它关系着企业将来的发展命脉。

二、商业模式创新必备要素

从商业模式的构成因素来看，这些因素并不是特定的，相互之间的组合机制也不是有局限的，这些因素的表现形态以及相互之间的组合几乎是无限的，所以说，商业模式创新也有无数种方式，只要是符合市场经济、能够带动企业发展，就是一个成功的商业模式创新。

但是，从目前商业模式创新的企业成败来看，商业模式创新有以下四个要素非常重要，这是商业模式创新的必要条件。

第一，正确认识当前行业变化。

要进行创新，首先你要非常清楚本行业的发展状况以及市场变化，对本行业的未来发展有一个正确的理解认识，否则，创新就会变得盲目。商业模式创新也是如此，对当前行业变化的敏锐洞察，是商业模式创新的首要因素。比如联想企业，在 2000 年的时候联想已经拿下了市场 30% 的份额，但下一步如何为企业创造更多的利益呢？于是联想实行了多元化的发展战略，开拓了服务、硬盘、手机等相关领域，但三年之后，他们发现行业市场发生了很大的变化，PC 渐渐成为了量化产业，于是在 2004 年，他们将一些边缘业务果断地卖掉。

第二，把有竞争性的产品或服务提供给用户及市场。

比如在某一行业企业开发出了新的产品或服务，而这个产品或服务是目前市场前所未有的，具有市场前景的，那么，这就是商业模式创新的硬件基础。比如亚马逊和当前很多电子商务企业一样卖的都是书，但亚马逊的经营方式是完全不同的，这是亚马逊企业稳定发展、不断壮大的主要原因之一。比如 Grameen Bank，它不同于一些传统银行，通常一些传统银行主要面对的是一些大客户，在贷款的过程中需要抵押担保，而 Grameen Bank 的主要目标客户却是一些贫穷的妇女，贷款额度小，而且不需要担保和抵押，这便是具有竞争性的一种服务，当然它们这样做必然有一套完整的操作体系。

第三，有较好的业绩及收益。

任何一种商业模式的创新都是为了能够让企业获得更多的利益，因此，企业是否能够较之前获得更多的利益或者长远稳定的收益，是商业模式创新的必备因素。比如亚马逊如今的商业模式从各个数据来看一直表现良好，这说明它的商业模式创新是成功的，同时也造就了它成为世界上最大的书店。这主要来源于它具有优势的存货周转速度。如果你在亚马逊利用信用卡购买一本书，通常会在 24 小时之内将钱转到亚马逊的账户，而亚马逊付钱给供货商的时间通常是货到后的 45 天，也就是说亚马逊可以免费用客户的钱一个月左右，这样亚马逊就会有足够的资金周转，从而产生更多的效益。

第四，具有颠覆性的思考意识及自身能力。

当前绝大多人都没有颠覆性的思考意识，这是因为生长在这样一个大环境下，从上学开始，我们的思想就被那种教育所约束，使得很多人形成并接受了常规的理念。而创新是一件具有颠覆性、创造性的工作，需要打破一些固有的思想，所以，我们必须有勇气颠覆当前的一些常规逻辑，颠覆性地思考，这样有助于我们发现更加具有优势的商业模式。同时，我们还要注重企业自身的能力，如果企业没有能力，再好的商业模式也不能运营或者成功。

三、创造客户潜性需求的创新

前面提到过，商业模式创新有一个特点就是注重客户的感受，也就是说要满足客户需求，这是商业模式创新的要点之一。因为商业模式的创新是建立在企业稳定运营的基础之上，而企业稳定运营的根本保障就是满足客户的需求。如果一个企业生产出的产品不能满足客户的需求，那么，就不会受到客户的喜欢，企业不论进行怎样的商业模式创新都是无济于事的。所以说，满足客户需求是商业模式创新的主要特点。

但就客户的需求来说，有些需求是显性的，有些需求是隐性的，有些需求是潜在未开发的。对于客户的显性需求，很多企业都在使用各种方法力求去满足，比如一个客户明确提出自己要买汽车，那么汽车厂家只要制造出性价比高的汽车就能够满足客户的需求，客户也会因为汽车的性价比高而购买，汽车厂家因此也会因为客户的购买而赚取一定的利润，这是最简单的一种商业模式。

其实，客户在想要购买汽车的过程中还有一种隐性需求，比如客户在买了汽车之后，他想着要去什么地方装饰一下，如贴膜、封釉、装防盗器、装导航、装坐垫等。对于一般客户，如果汽车店没有以上这些业务，客户在购买汽车的过程中是不会提出这些需求的。而对于汽车店或者汽车制造企业来说，客户的这种需求就是一种隐性需求，如果能够通过分析，展开这方面的业务，满足客户的这种需求，那么，企业的利润就会有所增加，同时，企业或者汽车店的商业模式就会改变，这便是一种创新。

有一个生产玻璃器皿的企业，生产了一种杯子，推到市场后很受用户的喜欢，销量一直还不错。后来通过公司的一线调查及经销商反映，很多客户买了这个杯子之后都会重新买一个杯子套，这样一方面可以防烫，一方面可以让杯子更加美观。

企业决策者发现客户的这个需求之后，随即展开了这方面的业务，专门开了一条生产线，生产各种各样的杯子套，和杯子一起出售。产品生产出来后，不仅很受客户的喜欢，而且企业利润也比之前多了二分之一。

客户买完杯子后再买一个杯子套就是一种潜性需求，企业利用客户的这种潜性需求来满足客户，就是一种客户潜性需求的商业模式创新。当然，要完成这样一种商业模式的创新，首先需要通过仔细的观察发现客户的这种需求，然后根据企业自身的能力展开相关业务，从而进行商业模式创新。在这个过程中，发现客户的潜性需求，判断它是否具有可开发的价值非常重要。

除此之外，客户还有一种需求，那就是潜在需求。这种需求客户不会表现出来，可能连客户自己都不知道自己会有这种需求，在很长一段时间，这种需求会一直潜伏下去，直到随着时代的发展，经济发展到一定阶段，这种需求才会表现出来。通常，一个有长远发展规划的企业，他的商业模式创新是具有前瞻性的，是能够与客户的这种潜在需求相结合的。比如马斯克所创建的特斯拉汽车以及火箭公司，当时他在创建这些企业的时候人们并没有购买电动汽车的强烈需求，很多人对他的这种模式也并不看好，甚至有些人说他是一个疯子。但在当今来看，随着全球环境的变化，人们环保意识的增强，人们对电动汽车的需求逐渐提升。而类似于特斯拉这样的汽车公司将来必然会有很大的发展前景，他的商业模式在很长一段时间都能够适应当下时代，这便是针对客户潜在需求的一种商业模式创新。在这个过程中，换位思考，分析研究客户的消费习惯，观察社会经济发展的方向，从而确定客户的潜在需求是非常重要的一个环节。

总之，客户潜在需求的创新就是在客户的隐性需求和潜在未开发的需求上做工作，然后结合这些需求进行合理的商业模式创新。

四、满足客户需求的创新

曾经火遍大江南北的神舟数码相信很多人都还记得，在 2005 年 11 月，神舟数码控股有限公司在香港联交易所发布公告，神舟数码以 5612.16 万元人民币的价格收购了北京思特奇咨询技术软件公司 71.04% 的股份，思特奇公司名字也更名为神舟数码思特奇信息技术有限公司，由此，神舟数码思特奇公司的首席执行官吴飞舟出现在了大众视野。

在当年，将这样两个公司整合在一起，成为一个新的更加具有潜力的公司，是一种企业运营根本的创新。合并后的新公司改变了原先那种软硬都做的方式，他们将精力集中在了自主知识产权的软件研发、设计以及销售服务中，实现了 1 + 1 > 2 的结果。而这种创新的源头就是为了满足客户的需求。

思特奇公司是吴飞舟早年与朋友一起合开的企业，在这之前，他在摩托罗拉公司工作，因为摩托罗拉放弃 PowerPC 产品，吴飞舟为了兑现对客户的承诺以及实现更大的价值，辞职一起和朋友成立了思特奇公司，主要业务是开发电信软件。在思特奇发展的 11 年中，他始终将如何满足客户的需求放在了第一位，以至于在改变商业模式时他依然将客户放在首位。

吴飞舟认为，要想成为一个成功的电信运营商，必须对客户的需求有深刻的理解，清楚客户所面对的问题，明确哪些问题是急需解决的，只有这样，企业才能够低成本、高效率地开发出满足客户需求的产品，商业模式创新才能更有价值。相反，如果产品无法满足客户需求，企业需要提前规划新产品，并在与客户积极沟通的基础上开发新产品，或者进行商业模式的创新，这样，就能够保证企业的产品及运营模式和客户需求同步，和市场发展同步，甚至领先于市场。

有一个推着小车每天在大街上卖苹果的商贩，每天在批发市场以批发价拿到苹果，然后走街串巷进行零卖，这种模式他比较喜欢，因为生意还算不错。有一天他发现很多客人在买苹果的时候还会问到其他水果，而且问的人还不少。于是，他卖掉原先的手推车，买了一个较大的电动三轮车，在批发市场进了各种各样的水果，继续走街串巷销售。结果发现他所得到的利润要比之前多很多。

后来，由于他的水果品种越来越多，一次拉不了多少货，有时卖着卖着就断货了，严重影响了收益。于是他决定开一个水果超市，这样就能够存更多的货，最大限度地满足客人的需求。他这样想了，也这样做，随后他算了一笔账，发现这样开水果超市虽然每月的支出多了很多，但收益也翻了几番，总体来说他的收益增长了。

再后来，一次与老客户聊天的过程中得知，因为他的水果超市是固定的，一些老客户的家距离超市较远，这些老客户不愿意走这么远的路来购买水果，经常会就近购买，这使得他损失了一些客户。为此，他为了满足客户的需求，改变原先的销售模式，开展了送货上门服务业务，只要客户购买的水果在50元以上，地址在市区三环以内，他就可以免费送货上门，此外，他还开了网站。

经过这样一些改变，水果超市的生意越来越好，在当地颇为知名，年底还被工商部门评为十佳企业家。

一个推着小车走街串巷卖苹果的小贩，到最后开水果超市，被消费者认可，被政府部门评为十佳企业家，获得了利益翻了几十番。这一结果都来自于他商业模式的不断创新，最为突出的一点就是从推车卖水果到开水果超市，开展送货上门业务和开设网站。这种模式的创新为他带来了巨大的利益。而我们可以清楚地看到，所有这一切的根本都来自于他不断满足客户的需求，也就是说他是在满足客户需求的基础上进行创新的。

一个小贩的成长之路如此，一个企业的成长之路也是如此。为此，我们需要明白，商业模式创新固然重要，但万万不可脱离客户需求，满足客户需求的商业模式创新才是有价值的创新。

五、企业运营产业链创新

要改变一个企业的经营模式，势必会改变企业在产业链中的位置和所扮演的角色，也就是说商业模式的改变，会或多或少地改变企业在整个市场中的位置。比如一家以养鸡生产鸡蛋的企业，它的运营模式通常是从下游购买饲料，然后喂鸡产蛋，最后销售鸡蛋。如果该企业对模式进行创新，在生产鸡蛋的基础上养肉鸡，销售鸡肉。那么，该企业的运营模式就会变成购买饲料、喂鸡，销售鸡蛋和销售肉鸡，跨入了另一个领域，同时，该企业在整个产业链中的位置也会变化。

此外，让企业更为重视的不是在产业链位置的变化，而是利润的变化。因此，可以说一家企业利润的高低，取决于它在整个产业链中的位置。就某一个产业链来说，因为不同企业所处的位置不同，所以它们所获得的利润是不尽相同的。

还以鸡蛋这个产业链做比较，整个产业链我们可以大致分为：销售鸡饲料、喂鸡生产鸡蛋、销售鸡蛋或者将鸡蛋做成鸡蛋糕等，当然还有很多与鸡蛋有关的企业，这里不一一列举。在以上企业从事的各个业务中，到底哪个行业利润高呢？首先我们可以肯定的是在整个产业链中各个行业所获得的利润是不均等的，至于哪一个利润高，与当时的市场因素变化有关。

既然在一个产业链中所处的位置不同利润也就不同，那么，企业商业模式的创新也应该考虑到企业运营产业链的创新。也就是说，在如今，市场竞争已不单单是企业和企业产品的竞争，更是产业链的竞争。企业选择产业链中的哪一个环节，将在很大程度决定企业的未来。同样，企业在整个产业链中如何创新，决定着企业将来的发展状态。

举一个很简单的例子，苹果手机是当下很多年轻人非常喜欢的一款手机，在全世界，可以说它引领着智能手机的发展。当然，因为科技含量高，苹果手机价格也是不菲，动辄好几千人民币，甚至上万元。尽管苹果手机很贵，但果粉们依然很多，使用苹果手机的人依然会坚定地拿出自己一个月甚至两个月的工资，眼睛眨都不眨地购买苹果手机，为此，苹果公司赚取了高额的利润。

同时，与苹果公司赚取高额利润形成鲜明对比的是为它代工的富士康公司，据相关资料显示，富士康为苹果公司组装生产一台苹果手机只能得到6.54美元的酬劳，大约合40元人民币。这之间的差距可以说是天壤之别，利润可想而知，在整个产业链中，苹果公司获得了巨大的利润。

也许有人会说，既然在整个产业链中，某一个环节有很高的利润率，为什么经营者不转到利润高的环节经营呢？这就是一个产业链创新的问题。客观地讲，并不是每一个企业都有能力从产业链中的这一环节转到另一环节经营，要不然，苹果手机利润那么高，富士康公司完全可以进入这个行业，原因就是富士康公司没有这个能力去研发手机，而生产手机是富士康的强项，所以只能为苹果公司代工。

为此，企业在进行产业链创新时，首先要考虑自身的能力，如果没有能力扩张或者转移自己在产业链中的位置，就不要轻易去尝试，否则，可能会赔了夫人又折兵。当然，在产业链创新的过程中，我们也不应该惧怕，创新本身就是一件风险较高的事情，只要企业自身有扩展换血的能力，有足够的把握，就可以进行适当地整合调整，制定出更加适合企业发展的商业模式。

六、激进的产业模式创新

如前面所提到的，产业模式创新是一种非常激进的创新方式，因为它要求经营者改变或放弃原先的产业，创造出新的产业，是一种大刀阔斧式的创新方式，也有一种不成功便成仁的味道。

可见，产业创新并不是某项单一技术或企业某一方面的创新，而是一个企业内各种因素创新的集合。回顾历史，世界上一些国家正是通过产业模式的创新构建新的商业模式，形成了竞争优势，从而实现了国家经济的飞速发展，比如日本、韩国这些亚洲国家，国土面积不大，人口不多，但在以往很长一段时间内，经济得到了高速发展。而西方一些发达国家，因为受到亚洲一些国家产业突进的威胁，不得不通过产业创新构建新的商业模式来稳定其原有的繁荣，如在 20 世纪 80 年代，日本对美国的影响便是一个很突出的例子。

对于一个企业来说也是如此，面对市场的竞争，面对竞争对手的围堵，有时候我们不得不改变原先的产业模式，来提升自己的竞争力，在经济市场中求生存，求发展。此外，一些大的集团公司发展到一定程度，在某一行业获得的经济利益趋于稳定之后，为了获得更多的效益，也会开发一些新的产业，这也是产业创新的一种，其结果会改变整个集团公司的商业模式。

产业创新是一个系统的工程，受一些客观因素的影响。一个企业要通过产业创新构建成功的商业模式，也就是说要让产业创新成功，有以下几点需要注意：

第一，技术。新产业的诞生往往需要成功的技术支撑，而且这项技术必须具有突破性，经得起市场的检验，能够被人们认可。在这种情况下，市场各方面的资源就会围绕这项技术进行自动配置，从而给产业创新带来更大的机会。比如郑州大学某教授发明了一项专利叫“无水地暖”。我们知道常规的地暖是采用把水加热而散发出热量来取暖的，而无水地暖不需要水就可以取暖，相比传统的地暖这种取暖方式更加环保、节能。后来有位商人开始运营这个项目，如果这项技术能够被大众所接受和认可，那么，有关取暖方面的资源就会被这项新技术吸引过来，关于取暖周边的资源就会被重新分配，而以这项技术为基础的产业就会形成，从而一种新的产业模式就会诞生。

所以说，一方面，技术是最基础的资源配置手段，成功技术的出现会给企业带来新的产业模式创新机会。另一方面，由于新技术的出现或者突破，会使相关客户的需求增加或者扩展，产品的价格会更低，性能会更好。比如计算机，在 20 世纪 90 年代，一台电脑要好几千元甚至上万元，而随着计算机技术的飞速发展，我们看到电脑的价格越来越低，但性能、配置却越来越好，消费者对计算机的要求也越来越多，一些行业被分化，从而形成了新的产业模式。相反，如果技术条件不成熟，那么一个企业要进行产业模式创新会变得很困难。

第二，资本。俗话说："钱不是万能的，没有钱是万万不能的。"后半句话用在此处是再合适不过了。金钱是资本的一种，而产业模式创新的基础条件便是资本的充足。产业模式的创新本身就是一个资本转移的过程，尤其对于一些高新技术产业，这一点非常明显。因为它往往需要现代化的技术及生产设备，所以对资本的需求通常要高于传统产业。此外，我们还需要建立与市场相匹配的风险资本保障机制，只有这样，我们的产业模式创新才能够更加安全稳定地进行。

第三，人力。人是企业发展的根本，是产业模式创新的动力，尤其是对于一些具有创新精神的创新型人才，对产业模式的创新至关重要。因为首先，所有的产业创新都需要人去做，做得好与不好主要取决于人力质量。其次，产业模式创新本身就是一件具有创意的工程，如果人在操作的过程中缺乏创意，没有创新意识，那么势必会降低产业模式创新的质量。因此，人力也是产业模式创新的一大要素。

第四，其他。除了以上三个方面之外，事实上还有很多因素影响着企业产业模式的创新，这就需要我们在操作的过程中灵活应用把握，保证产业模式创新的平稳推进。

七、赖以生存的技术创新

创新是人类不断进步、经济不断发展的源泉，而这一切都离不开技术的革新。上一节我们提到的关于产业模式创新的技术是指利用新的技术进行产业模式创新，而这一节我们主要讲的是在原有技术的基础上进行创新，从而带动商业模式的创新。

一个企业的产品创新了，那么就能够推动该企业商业模式的创新，同样，一个企业的技术经过创新，也能够推动企业商业模式的创新。比如对于生产电动汽车的企业来说，制约电动汽车的最大问题就是电动汽车的电池续航问题，如果能够解决这一技术难题，电动汽车必然会在很短的时间内代替内燃机汽车，因为电动汽车更加环保更加省钱。不管是当今的特斯拉汽车，还是国内的比亚迪汽车，只要有企业能够突破这一技术，将电动汽车的续航问题彻底解决，那么，就会改变电动汽车行业的商业模式，甚至影响整个汽车行业的商业模式。对企业来说，这种技术是企业赖以生存、发展壮大的法宝，也是改变对自身商业模式创新的契机。

在第二次世界大战之后，早在20世纪50年代左右，日本的经济发展速度相当快，在短时间内便跻身世界经济大国，这主要是因为日本国内产业技术的推进。从20世纪50年代到20世纪80年代，日本长期采用技术引进的方式来发展国内经济，这种方式是非常成功的，使得日本国内各个行业都得到了快速的发展。而在冷战结束之后，世界各个国家之间的经济竞争也逐渐加剧，一些西方发达国家采取了对国内先进技术、知识产权的保护措施，尤其是美国这样的西方发达国家，这使得日本不能够像从前一样轻易获得国外一些国家的先进技术，从而使得日本的经济发展减速。

从日本经济发展的历程我们可以看到，日本经济快速发展的动力主要来源于西方一些发达国家的技术支持，当时的那种经济环境以及日本所采用的发展模式对成功是非常有利的。由此我们可以得出这样一个结论，对于一个国家的经济来说，技术水平的领先是实现经济领先的关键因素。

国家与国家如此，企业与企业、行业与行业之间也是如此。技术是一个企业发展的核心，但是如果这个核心是普遍的，没有技术含量的，那么，随便一个企业都可以复制你的商业模式，从而赶超你。而如果这个核心是具有革命性的，在行业领域来说是领先的，那么，其他企业是难以复制的。最为重要的是，由于技术的领先与不断创新，还会为企业商业模式的创新带来很大的便利。那么，对于一个企业，该如何进行技术方面的创新呢？有以下几点需要注意：

第一，完善技术创新激励政策。重金之下必有勇夫，制定完善技术创新政策是企业技术创新的动力源。事实上，每个人都有将事情做得更好的方法，关键是要有一种力量引导他们去思考将事情做得更好的方法，激励政策无疑是最好的方法之一。

第二，提升企业技术创新的能力。比如在企业中设立技术创新联盟，将一些优秀的工程师聚集在一起，对某一技术进行针对性的研究；与一些高校、科研机构合作去开发一些新的技术；制定技术创新目标；等等。这些措施都可以提升企业技术创新的能力。

第三，加强知识产权的保护。如果知识产权得不到保护，对于一个人发明的东西所有人都可以拿来用，那么，对于创新者来说，一方面是不公平的，一方面会打击其创新的积极性。此外，自身的经济利益还会受到损失，给自己带来更多的竞争对手。虽然国家相关政策相对比较完善，但是在企业内部我们也要懂得保护自己的技术创新。比如美国特斯拉汽车公司曾宣布将部分技术公开，让汽车企业免费使用，但他们的核心技术是永远不会公开的，因为一旦公开，他们之前在技术创新方面所做的努力价值就会变得一文不值。

技术创新是商业模式创新的一角，但只要企业做好这一角，便可有效带动商业模式创新的其他因素，能够促使商业模式更加完善。

八、从利润点的薄弱处创新

我们知道，企业商业模式创新的目的之一是提升企业的赢利，通过改变商业模式，使企业获得更多的利益。而企业在经营的过程中，阻碍企业利润增长的因素有很多，其中一点就是企业运营环节的利润薄弱环节。

通用公司是当今世界上比较大的一个集团公司，通用能够发展到今天这样的规模，与其在运营中的创新有很大的关系。在 20 世纪 90 年代之前，通用公司主要从事的是传统制造行业，在整个行业链中，他们采用的是以提供产品满足客户需求的商业模式。然而，他们发现传统制造行业的利润越来越小，仅仅为客户提供产品无法获得更多的利润。于是，他们提出了出售“以客户为中心的解决方案”的商业模式。

我们可这样理解这种商业模式，以往他们的商业模式是为客户提供足够的机械设备，从而满足客户的需求，在整个行业运营中他们只是一个硬件产品的提供者。而“以客户为中心的解决方案”的商业模式，是指企业为客户提供一套完整的服务方案来满足或解决客户所面临的问题，这里我们需要明白，“解决方案”是公司的主要产品，而那些机械设备成为了附属产品。

这一商业模式的转变，通用公司的利润也发生了天翻地覆的变化。据资料显示，通用这样的一个模式创新使得一些地区的销售利润率超过了 30%，此外，通用以此商业模式为源泉，建立了通用电气资本公司，公司年净收入有了很大的提升。

分析通用公司的模式创新，原先它的商业模式大致是制造产品、为客户提供产品、获得利润，然后再生产循环。而当他们发现在制造产品这一环节中利润越来越低后，他们在这个环节中寻求突破，改变了原先利润薄弱点，商业模式也有了升级性的创新。

有一个书店，一天来了三位客户，一位是上市公司高管，他希望在开会间隙出来买一本新书，然后回去继续工作。第二位客户是工厂工人，她来书店的目的是为5岁过生日的女儿买一本书作为生日礼物。第三位客户是一位老大妈，她来书店是随便逛逛，看到有合适的就会买，所以买还是不买各占50%。

然而，第一位客户进店之后有些迷茫，因为他不知道新书放在哪里，而且他只有很少的时间；第二位客户进店后不知道什么样的书适合作为女儿的生日礼物，所以，也比较迷茫；第三位老大妈进店后倒显得优哉游哉，进店后没人搭理她，转了不到5分钟便转身离开了。

显然，该书店的问题就是供应链不够完善，不能完全满足客户的需求，因为无法快速、高效地将书卖给客户，所以利润受到严重影响，是书店利润点的薄弱之处。书店客户的不同想法提醒管理者必须以不同的方式来满足客户的不同需求，以提升书店的利润。也许书店的原先产品展示模式没有进行分类，或者分类不正确，所以才导致了客户的需求无法得到满足，书店利润受到影响。为此，书店需要改变原先的产品展示模式或者引导客户的模式，以客户需求为中心进行相应的调整，提出能够解决客户问题的创新性方案。

事实上，任何一个企业的商业模式都有其影响企业利润的薄弱之处，只不过各个企业的程度不同而已，就好比每一个人都有缺点，只不过有些人的缺点多而且明显，有些人的少。这些薄弱点长期以来一直影响着企业利润的增长，一定程度上阻碍着企业规模的壮大。

为此，企业经营者要善于对利润点薄弱之处创新，不断解决商业模式中的短板，注重商业模式的可持续性，不要抱残守缺、墨守成规，善于在当前商业模式下对影响企业利润的薄弱点不断创新，从而影响商业模式的正向发展。

九、企业经营战略创新

所谓企业经营战略，通俗地讲就是企业的经营方向及方法策略，一方面是企业为了长远的发展目标而制定的规划，一方面是企业为了应对市场激烈的竞争及严峻的挑战，为了生存或长期发展而制定的运行方针。市场、经济是不断变化的，如同股票的起起落落，大多数人都无法准确地断定，为此，企业在实行既定的经营战略时，由于市场、经济的变化出现与原先经营战略的不匹配，这时企业就需要对原有的经营战略创新，以更加符合当前的市场经济，稳定企业在市场中的竞争地位或者发展速度，这便是企业经营战略创新。

企业的生存发展离不开企业经营战略的创新，而且企业经营战略只有与市场融合，随着市场的变化而不断创新，才能在市场竞争中立于不败之地，才能长久稳定地发展下去。因此，企业战略创新的首要准则就是要将企业经营战略的根扎到市场中，不可脱离市场的发展。比如有些经营者在制定企业战略的时候显得比较固执。起初制定的战略是用某种方法达到某种目标，当市场发生变化之后，他依然坚持用之前的方法达到原先的目标，缺乏创新意识。这种脱离市场的企业经营意识肯定是无法促进企业发展壮大的，甚至，有一天企业的生命会因此而枯竭。

任何时候，企业制定经营战略的目的都是满足客户需求，以什么样的客户为目标，为客户提供什么样的产品，与客户建立何种关系，等等。这都是企业经营战略所包含的因素。然而，似乎没有任何一种产品或者服务能够满足所有消费者，为此，企业经营战略创新在其中便起到了非常重要的作用，它能够让企业在市场中发现新的机会，提高企业在市场中的竞争力。

我们来看这样几个例子，在 1985 年的时候，雪花啤酒的年销售额为 1 亿元左右，年利润是 2000 万元左右。当时海尔的年销售额是 380 万元左右，年亏损 147 万元左右。然而在张瑞敏接手海尔之后，对经营战略进行了创新，采取了这样一些措施：从内部管理与生产入手，把满足客户需求及企业未来发展需要放在了重要位置；加强企业技能和竞争力，以满足未来需要；以消费者价值需求为目标，进行广告促销整合，对我们印象最深的就是海尔兄弟的品牌形象，等等。

由于海尔经营战略的革命性创新，海尔集团发生了天翻地覆的变化。2010 年，海尔集团年销售额 1357 亿元，利润 62 亿元；2012 年，海尔集团年销售额 1631 亿元，年利润 90 亿元。这样天翻地覆的变化，就增长速度来说，雪花啤酒肯定是不及的。

再比如美国西南航空公司，该航空公司在发展的过程中发现一些大航空公司对一些短途航运不重视甚至看不上，于是西南航空公司马上调整经营战略，进行创新，把重心放在了美国一些中等城市和一些次要机场的航运业务上，以提供短程、廉价的点对点空运服务为主，大受旅客的欢迎，为此，西南航空公司还成为美国四大航空公司之一。

以上两个案例充分说明了企业经营战略创新在企业运营过程中的重要性，海尔集团如果当时没有张瑞敏大刀阔斧地进行战略调整创新，就不可能成就今天的海尔；西南航空公司在看到发展机会时，如果和众多航空公司一样继续以远途为主要航运业务，不涉足短途航运，那么，它就不可能跻身美国四大航空公司。在当下竞争激烈的市场环境下，企业经营要顺利成功，就要在认识自身优势及劣势的情况下，去积极地适应市场变化，不断调整和创新企业的经营战略，以适应新的社会经济环境和客户需求。

十、企业运营环境创新

所谓企业运营环境的创新，也称为生态环境，是指用长远的眼光将企业周围环境看作一个整体，比如与企业有关的供应商、经销商、市场中介等，通过创新措施去影响这些因素，打造出一个可持续发展共赢的市场运营环境。

显然，企业运营环境创新是一个庞大且长期的工程，因为我们始终要围绕企业的合作伙伴进行创新，影响他们打造共赢的局面。对于一个企业来说，改变自身的经营模式或者创新是主动的，相对比较容易，而要去影响其他企业则会显得有些被动，所以说，这不是一朝一夕就能够完成的工作。

此外，市场是不断变化的，客户的需求也是不断变化的，单靠一个企业是无论如何都无法在适应市场环境的情况下来满足客户需求的，所以，我们经常会看到一些企业之间的类似联盟的协会，有时还会召开一些论坛会议，比如汽车协会、某某健康论坛等，企业这样做的目的就是想通过这样一种方式改变该行业目前的市场环境，以联盟的方式，通过互相合作来影响该行业的生态环境，从而达到共赢。

比如有一段时间因为张大师的不良行为对健康保健产业造成了很大的消极影响，影响了各个相关行业的发展，保健品开始滞销，读者不再轻易购买保健类的图书，严重影响了涉及保健的企业的经营。那段时间我们经常会看到一些企业联合组织的关于保健方面的论坛或者会议，他们这样做的目的就是通过互相合作，改变当前那种消极的市场生态环境，达到共赢。各大企业的这种做法便是企业运营环境的创新。

企业的内部资源能力是企业对运营环境创新的基础，如果企业没有良好的内部资源能力，那么，企业就缺乏对整体环境创新的影响力。如同一个人，如果你自身没有能力，没有一定的实力，那么，你的号召力就会比较弱，是不能轻易影响他人思想观点的。企业对运营环境的创新也是如此，有利的内部资源是企业对生态环境创新的保证。

假设有这样一个汽车制造企业，它的电动汽车技术在国内一直领先于其他汽车制造企业，内燃机汽车与国内其他汽车制造商相比不能说是最好，但也具有一定的实力，在国内汽车制造界拥有一定的地位。但是近几年由于国外品牌的冲击，严重影响了国内自主品牌的销量，国内汽车品牌严重下滑，当然也包括自己的企业，市场环境对国内自主品牌非常不利。

为此，这家企业老板发起了一次自主汽车品牌论坛，邀请了国内所有自主品牌企业的老总，以及全国各大经销商，还有一些典型的消费者，主题是探讨如何提升自主品牌汽车的销量、质量，如何让自主品牌走向世界等问题。从市场竞争的角度讲，各大自主品牌汽车制造商彼此大多都是竞争对手，很难心平气和地坐在一起洽谈自主品牌发展大计。然而意外的是，在邀请发出之后，每一个自主品牌的老板都参加了这次论坛。并且，通过这次会议的探讨，身为竞争对手的各大企业达成了共识，愿意一起为壮大自主品牌而努力，此后，自主品牌在国内的环境有了很大的改观。

综合分析，第一，这家企业发起的行业论坛为什么赢得所有相关企业的认可并参加呢？其主要原因就是该企业的内部资源及实力，试想一下，如果让一个无名的小企业发起这个论坛，相信大多数企业都不会参加，因为大多数企业会觉得它没有资格或能力发起类似的论坛。第二，该企业发起这类论坛的方式就是对市场生态环境的创新，原先各个企业之间可能是竞争对手，甚至是仇敌，这样各自为营的经营显然会破坏整个市场环境，而通过这种洽谈的方式找到共同点，不但能够创造出积极的市场环境，还能够让各企业平衡发展。

在20世纪80年代，美国最大零售企业沃尔玛和全球最大日化用品企业宝洁就曾出现过争执，他们互相威胁，互相竞争，而且还打过官司，为此，给双方都带来了不小的损失，也影响了当时的市场环境。后来两家企业开始反思，最后达成了合作关系，建立了一套新的供应商与零售商的商业合作关系，把敌对关系转化成了一种互相合作、共同获利的关系。

企业运营环境的创新，市场生态环境的变化，影响着整个相关企业的发展与收益，在企业自身有一定能力的情况下，有必要对运营环境进行创新，从而促进自身企业及同行业的共同发展。

第七章　企业持续发展十大力

一、学习力

学习是人类走向文明的最重要方式，而学习力是人类更快更成功地走向人类文明的重要力量。从小父母、老师、师傅就教导我们要好好学习，这样将来才会有更大的出息，其实父母、老师、师傅教导我们好好学习并不是让我们去被动地学习，而是培养一种学习的能力，为此，学习力是一个人或者一个企业学习的态度、能力的总和。与我们通常所说的学习不同的是，它不仅仅指书面知识及社会信息的学习，更重要的是自身能力及应对外界环境变化的能力。

事实证明，一些学习能力强的人，不管他是上学出身还是经商出身，现在都取得了较大的成就，成为我们眼中的佼佼者。

企业发展也是如此，实践证明，那些一直在不断学习、不断创新、不断提高的企业一直保持着生机和活力，而那些按部就班的企业总是在跟着别人走，一直在模仿，却从来没有超越。所以说，企业的学习力是是否能够决胜将来或明天的主要因素。也就是说，具有一定学习力的企业，它们都能够在原有的基础上节节攀升，塑造辉煌。这是因为学习力对于企业来说有以下几点作用：

第一，企业能够在最短的时间内以最快的速度学到促进企业发展的技术、信息，以及前沿的商业模式。

第二，企业的学习力能够促使企业员工、领导不断提高自己的学习能力，提升学习的动力。同样，员工、企业领导的学习力也能够影响企业的学习力，这是一个相辅相成的关系。

第三，学习力能够将企业内所有人员的心聚集在一起，从而产生集思广益的效果，有助于企业取得更大的成就。

第四，能够使企业学习到的知识、信息以最快的速度运用到市场当中，高效地适应市场及客户的需求。

从以上这些学习力对企业的作用来看，再从现代企业的发展特征来分析，一个企业，如果它的学习力不强，那么，它的创新能力就会下降，企业精神就会萎靡，产品、经营理念以及商业模式就会老化，以至于与社会的发展脱离。所以，企业非常有必要建立一支学习型、知识型，具有创新精神的团队。而要建立这样一个团队，离不开学习力的激活。

美国硅谷是全球科技发展的中心，很多全球优秀的人才就聚集在这里。而它之所以会成为被全世界关注的地方，就是因为这里数以万计的科学家、企业家、发明家、金融家聚集在一起，能够互相交流、切磋，敢于尝试，敢于面对失败，从而形成了强大的学习氛围和学习力。正是因为这股强大的学习力，硅谷一直引领着全球科技的发展。

目前，大多数企业主要存在这样一些问题和不足：

企业技术知识老化凸显。据相关研究，1978 年大学生所学习到的知识，到 1986 年便基本老化，20 世纪 80 年代所学习的知识，7 年左右便可老化，而且随着科技的发展，知识老化的周期越来越短。

企业有技术、有能力的人才短缺。企业年年都在招人，可是技术型、管理型人才一直处于短缺状态，可谓是求贤若渴。

企业学习热情不高。企业员工大多处于一种被时代推着走的状态，而非在追赶时代，有能力、有技术的员工自视清高，觉得自己可以“打遍天下”，无须学习；一些普通员工，抱着当一天和尚撞一天钟的态度，把薪资、享受放在了第一位。

企业学习培训制度名存实亡。按照科学的管理机制，每个企业都应该具有员工培训学习机制，然而有些企业为了追求暂时的利益，将这一制度抛之脑后，从而使得企业内部没有了学习的氛围。

以上几点是当前很多企业最常见的问题，当然还有很多，这里不一一列举，根据这些问题，可从以下几个方面来提升企业的学习力。

第一，学习的态度。不管是企业还是员工，在企业内部都应该树立、培养一种积极学习的态度，提升学习的积极性。原先一些国有企业的“大锅饭”思想在当下一些企业中还没有去除，员工、企业缺乏忧患意识。为此，采用必要的措施激发企业和员工的学习态度是提升学习力的基础。

第二，决策层学习力。企业学习力是企业决策层学习的能力，比如对于一个新的商业模式，如果决策层能够通过这个商业模式制定出更加适合自己企业的新商业模式，那么就说明企业是有一定学习力的。

第三，员工学习力。除了企业决策层的学习力，企业员工的学习力也影响着整个企业的学习力，因为企业的发展自始至终要靠员工的努力，员工的学习力上去了，企业的学习力自然会上去。

总之，学习力是企业持续发展的重要能力，是商业模式运用、创新的动力之一，企业在发展的过程中需重点培养。

二、产品力

市场中之所以会有企业这个因素存在，是因为企业能够制造产品，产品能够满足市场需求，这是一个最简单的逻辑关系。所以说，产品是一个企业运营的根本。那么，什么是产品力呢？

有一天你去逛商场，一件非常漂亮的衣服吸引了你，于是你走上前去仔细看了这件产品的质地、价格，随即产生了购买的欲望，放到了购物车中。该衣服能够让你产生这种反应行为的能力就是产品力的一种。产品没有动，首先它吸引了你的注意力，然后获得了你的信赖，最终让你把它放在了购物车中，产品通过自己销售了自己，这种在营销学中被称为“静销力”，其实也是产品力的一种。

市场上有很多同类产品，有些产品深受消费者的喜欢，有些产品消费者却不闻不问，这就是因为它们的产品力不同。从营销发展的角度讲，一个企业的首先职责是研发、创新出适合市场消费者的产品，不管是包装推广还是产品组合，都直接影响着一个产品的产品力。从产品的属性分析，产品力代表的是满足消费者需求的程度，即产品对消费者需求能够满足多少。从市场营销的角度分析，产品力是企业必须要解决且首先要解决的问题。

整体来看，产品力包含两个方面，一方面是“好用”，一方面是“好卖”。所谓“好用”，是指产品的质地、质量如何，能否最大限度地解决消费者的需求，能够解决多少。所谓“好卖”，是指消费者是否能够便捷地或者从外观上购买并喜欢上产品。

首先，分析产品的“好用”。把产品做到“好用”需要从两个方面出发，一是满足消费者的基本需求，解决消费者的基本问题。比如一碗面，当消费者饿了去吃这碗面的时候，必须要能够解决消费者的饥饿问题，尤其是当消费者饥肠辘辘的时候，你给一个成年人的分量等同于给一个小孩的分量的话，这位消费者一定吃不饱，即使饭很好吃，心中也会有一些怨言。所以，解决消费者的基本需求是“好用”的首要因素。二是满足消费者的潜在需求，还拿一碗面做例子，消费者去吃这碗面的目的除了要解决饥饿问题外，还有一个潜在需求是享受这碗面的美味，事实上，当下很多人去吃饭追求的都是这一方面，如果这碗面既解决了消费者的饥饿问题，又特别好吃，能够让消费者记忆犹新，以后每次吃饭的时候都能够想到这碗面的美味，那么，消费者的潜在需求就得到了满足。在以上两个方面都做好的情况下，产品才真正做到了“好用”。

其次，分析产品的“好卖”。好卖是指能够最大限度地满足消费者的精神需求，比如我们去超市买方便面，货架上有琳琅满目的各种方便面，有些产品我们看了第一眼就被吸引了，而有些产品总不能够引起我们的注意。其实，很多方便面的内在质量都差不多，甚至有些市场反映一般的方便面要比那些受消费者喜欢的方便面内质更“厚道”，那么，为什么会让消费者产生这样的反应呢？究其原因，一方面是它们包装的区别，另一方面是营销手段及强度的不同。因为包装的优势和营销手段的强势，所以某些产品变得“好卖”。

以上两个方面加起来就是一个产品的产品力，当下，大多数企业的产品“好用”基本都能够做到，而“好卖”因为方法、手段、实力不同，各个产品的市场表现力都不尽相同，也导致了产品力的不同。

因此，企业在构建产品力的过程中，应该抓住品牌精神的核心，在产品“好用”的前提下，力求让产品“好卖”，只有产品“好卖”了，产品的“好用”价值才能实现，产品力才能得到最好的体现。

三、人才力

著名喜剧演员葛优曾在出演的一部电影中有这样一句台词：“21世纪最贵的是什么？人才！”相信当时很多人在看电影时听到葛大爷说出这句话的时候都笑了，从电影艺术表现效果的角度分析，这句话在这部电影中占有非常重要的位置。脱离艺术思维，细细琢磨这句话，在当前各大企业发展的过程中，这句话也非常适用。

人是企业发展的根本，企业竞争就是人才的竞争，但深入分析，归根结底还是人才力的竞争。人才与人才力的区别在于人才在企业中是否发挥出了其该有的能力，如果没有，那么人才只是人才，如果有，人才就是人才力。显然，对于企业来说，后者更为重要。

简单地拥有人才，从一个企业长远发展的角度来看显然是不够的，只有将人才转化为人才力，才能起到企业拥有人才的价值。综观当下企业，大多都存在这样一些问题：人力缺乏系统管理，对人才不能进行合适的定位；老板对人才不够重视，有些员工地位虚高，实力欠佳；盲目地仿效其他企业的人力资源管理方法，事实上某些方法并不适合自己企业目前的状况；人力资源部门不断萎缩；等等。所有这些因素都严重影响了企业人才力的提升。为此，关于人才力，可以从以下几个方面着手打造。

第一，招才。所谓招才，是指招聘人才的方法，在进行这一步时，企业首先要明白自己需要什么样的人才，针对自己企业对人才做一个定义，这样我们才能有目标地寻找适合自己企业的人才。招聘人才的方法有很多，比如去人才市场招聘，去高校校园招聘，通过人才中介机构招聘或挖别的企业的“墙角”，通过网络招聘，通过熟人或公司员工介绍引进，等等，这些方法都可以成为招才的方法。

需要注意的是，不管采取何种招才方式，在招才的过程中，不要以貌取人（除非是特殊行业），不要以学历定人，工作经验与学历相结合才是正确的招才之道。

第二，断才。所谓断才，就是认识人才。人才在招进公司后，我们需要从各个方面对人才进行评估，结合招才时对其的认识，进一步了解其工作能力、个性、优势、劣势等方面，最终确定其在企业中的具体岗位和具体责任。

在断才的过程中有这样几点需要注意：不要用迷信的工具去测试人才，不要用一厢情愿的方法去考核人才，也不要被人才本身的光彩所迷惑，以事实为依据，客观进行判断才能真实看到人才的能力。

小张是一个能说会道的小伙子，口才很好，高中毕业。之前在一家酒店做大厅保安，后来在网上看到有家公司招聘项目主管，福利特别好，不但管吃管住，薪资不菲，而且还配车，于是他投了一份简历，没想到第二天公司就打电话让他去面试。

在面试的过程中，由于小张能说会道，与面试官交谈得非常开心，完全是由小张主导着整个方向，而面试官似乎一直在跟着小张的思维走。意外的是，小张被成功录用了。最后，小张想自己没有能力胜任项目主管这样的职位，于是主动放弃了。

仅仅凭借一张嘴就获得了面试官的信任，显然，这样的面试官是不合格的，他的断才方法也是错误的。

第三，用才。人才只有将其用到合适的位置，发挥其应有的潜能，才能称之为人才力，所以，这一点对于整个企业的人才力来说至关重要。对于一些元老级的人才要格外重视，因为他们的一言一行可能影响着整个企业人才的思想；对于一些新进的人才，先苦后甜是较好的用才之道，不过这个方法周期要短，可循环使用；此外，根据人才的特点、优势进行组合用才，从而充分发挥各自的优势，也是一个不错的方法。

第四，培才。也就是培养人才，企业内的人才是流动性的，也许今天他在你的企业工作，明天就可以去别的公司工作，这一点我们只能去尽量维护，不能起到决定作用。为此，为了防止人才的流失，企业需要建立培养后备人才的机制，这样在人才流失的情况下，企业可以用后备人才补上，不至于导致人才力的降低。

第五，留才。人才在主动离开的时候，尽管企业不能左右人才的这一行为，但是企业可以运用一些方法留住这些人才，从而保存企业的人才力。比如用高薪方法留才，用“画大饼”的方式留才，用制度留才，等等。

人才力打造是一个系统的工程，以上五个方面是一个企业人才运用的基本模式，也是打造人才力的主要入口，着力做好这些方面，能够一定程度地提升企业的人才力。

四、营销力

不管在大街上还是各种媒体上，我们经常会看到铺天盖地的产品广告，这种广告形式很大程度让我们记住了某些产品，这便是营销力的作用。

所谓营销力，它是在20世纪90年代被提出的一个概念，从诞生的时间上看，它还处于发展阶段，一些企业铺天盖地的广告行为是一种企业营销力，而企业营销力是一种狭义的营销力，并不是营销力的全部。因为从不同的角度分析，企业营销力具有不同的意义，从竞争的角度讲，营销力就是一种竞争力；从资源的角度讲，营销力就是一种资源；从动力的角度讲，营销力就是一种推动企业营销顺利运营的能力；等等。为此，营销力对于企业来说是一个宽泛的概念。

总体来说，企业营销力是通过各种方式来最大限度地满足消费者需求，从而实现企业自身生存发展的一种能力，通俗地讲，就是企业有效开展市场活动的一种能力。比如前面提到的某产品铺天盖地的广告行为，要顺利做好这一活动涉及各个方面，有些企业可能未必能做到，有些企业做到了并取得了一定的效果，这便是营销力。

营销力也是一种能力，是企业能力的一种体现。一个企业具有了这种能力，就能够顺利地开展市场营销活动，并取得一定效果。对企业发展及市场竞争力来说，具有非常重要的意义。那么，企业营销力是由哪几个方面组成的呢?

第一，企业在运营的过程中应该从市场需求出发，制造出适合消费者需求的产品，这样才能实现其应有的价值。也就是说企业的产品要能给消费者带来价值，满足客户的需求，这是提升企业营销力的基本要素。

而要让产品更加具有价值，充分放大其能量，除了做好产品本身之外，还要强化产品的服务与品牌力量。也就是说一个产品要具有产品力、服务力和品牌力，在这三个方面都强化的情况下，产品的价值力才能充分体现。所谓产品力，是指产品所能提供给消费者的功能；所谓服务力，是指消费者在使用产品之后，企业能够提供给消费者的售后服务；所谓品牌力，是产品除了满足消费者的生理和安全需求外，还能够满足消费者其他精神、心理等方面需求的程度。比如有些人购买宝马车除了解决代步问题外，还希望能够给自己带来社交方面的优势，这便是产品的品牌力。

第二，企业制造出产品之后，是否能够与消费者顺利达成交易，决定着产品是否能够真正实现其市场价值，同时也预示着企业能否实现自己的目标。在产品同质化严重的今天，市场竞争愈演愈烈，为此，企业的销售力便成了企业营销力的重要组成因素之一，是企业营销力的核心。影响企业销售力的因素主要有三个方面：产品价格、销售渠道和促销方式。

产品价格是影响企业销售能力的首要因素，毫无疑问，消费者总是喜欢物美价廉的产品，产品价格只有在符合消费者的心理价格范围之内，消费者才会接受产品，并产生购买行为，为此，产品价格是否具有竞争力，一定程度上决定着企业的销售能力。另外，销售渠道和促销方式也是影响企业销售力的两个重要因素，一个完善的销售渠道可以让产品在正确的时间快速地送达到消费者面前，满足消费者需求。在产品抵达消费者面前后，促销方式的优劣则决定着是否能够刺激消费者的购买欲望，促使消费者发生购买行为。同时促销方式在树立企业品牌形象方面有很大的作用。

第三，消费者在购买产品之后，随着时间的推移，消费者的需求会不断提升，以至于企业原先的产品不能够完全满足消费者的需求，为此，提升产品的持续力便成为了稳定企业营销力的因素之一。

企业可从三个方面来提升产品的持续力，分别是产品的生命力，企业与消费者之间的关系以及营销的执行力。产品的生命力是指在消费者需求不断扩展的情况下，企业产品也需要随之不断完善；同时要长期维护与消费者之间的良好合作关系，当制订出正确的营销方案后，要坚定不移地执行。

企业营销力是一个宽泛的领域，通常对于一个企业来说，做好以上三个方面，就可以让一个企业的营销力稳定发展，并不断提升。

五、文化力

在企业管理的过程中，经常会听到“企业文化”这样一个词汇，而且当前已经有越来越多的企业开始重视企业文化，并把其作为企业管理的一项基本工作来抓。显然，企业文化已经成为企业发展中不可分割的一部分，而与企业文化同等重要并与之有密切关系的还有一种力量，那就是文化力。

据相关调查数据，我国目前大约有 90% 的企业都注重企业文化建设，但却约有 85% 的企业不知道何为文化力，只有约 5% 的企业对文化力进行了研究建设，而真正产生效果的不足 1% 。所以，文化力在当下时代企业发展的过程中显得格外重要，是企业软实力的核心。

人们对企业文化的概述是：企业文化是企业精神、制度、行为、物质等各方面文化的总和。进一步思考，在企业文化的作用下，会激发经营者、企业员工的思想力、策略力、执行力以及想象力，这便是一个企业的文化力。

有人说老板文化就是企业的文化力，这个观点有些偏执，但却有一定的道理。一个人在创业时期，这时的企业文化其实就是老板个人能力的文化，因为在这个时候所有的决策都是创业者或者说是老板来做，需要通过老板的思考最终决定那些事该怎么处理，结果的体现便是老板个人能力文化的体现，同时也是企业文化力的体现。比如当下一些比较成功的企业家，王石、张瑞敏、任正非、柳传志等，他们经营企业的思路或者在企业中做的一些改革，充分代表了他们各自的文化思维和行为风格。

之所以说这种观点是片面的，是因为很多人把老板的文化与老板的学历之间画了等号，认为老板的学历就是企业文化。以上这些成功人士在创业初期，文化力对于他们来说可能只是一个模糊的概念，老板说什么就是什么，如果老板的能力强，在老板的影响下，员工会向老板学习。而一切的文化都来自于实践，学历只是代表了一个人接受文化教育的程度，由于他们在实践中学到了更多的知识技能，所以他们变得勇敢果断，创新精神不断提升，策略力、执行力、思想力及想象力得到了空前的提高，为此，老板的文化力提升了，企业的文化力也跟着提升。所以说，老板的文化只是一个企业文化力的基础，而非全部，而且文化力决定了企业在市场中的竞争力。

一个企业的思想力是企业文化力产生的源泉，它是企业中所有员工共有的，当然，老板个人思想在其中起到了非常重要的作用，对于企业的长期发展与生存，企业思想力在其中起着至关重要的导向作用。比如企业决策层要做一个决定，一定是在企业思想力的引导下进行的，因为企业未来的目标是与企业思想力两者之间有直接的关系，思想力越强大，文化力就会越强大。曾经有人做过这样一个调查，他们跟踪分析了世界500强企业，发现所有的百年企业中有这样一个共同的特点，它们的经营思想不是以利润为目标，而是造福人类的社会目标，也正是因为如此，这些企业给予社会的越多，社会给予它们的也就越多，这些企业也越来越强大稳定。

在企业文化的影响下，企业策略力是企业制度文化下的产物，也是企业在常年的经营实践中总结出的企业管理精髓。综观每一个成功的企业，在其发展的过程中都有其独特的策略，所以说，策略力也是一个成功企业区别于另一个企业的主要因素。而且更为重要的是，企业策略力的强度离不开企业文化的影响。

总之，企业决策层的文化是企业文化力的基础，而企业决策层的精神则是企业文化向企业文化力转化的动力。因为企业的发展方向及内部氛围很大程度上都是由决策层来决定并营造的，所以，企业决策层必须根据自身企业的特点，树立正确的文化理念，构建适合企业长远发展的价值体系，从而构建有效的企业文化力。

六、系统力

当下，在企业管理中“系统力”这个词汇对于有些人来说可能是第一次听到，但是它却一直存在于企业经营管理中，影响着企业商业模式的发展。那么，什么是系统力呢？在企业发展的过程中它起着什么样的作用呢？

在现实生活中，有些人做事逻辑性很强，每天该做什么事情，做到什么程度，什么时候开始做，他都会在前一天晚上安排好，第二天会非常有目的地按照这个安排去做，所以，他们做事的效率通常会很高。而有些人的逻辑性较差，缺乏事先规划，很多事情都是逼到眼前了他才想起来去做，甚至每天早上一睁眼，并不十分清楚今天要做什么，为此，这类人做事的效率比较低，生活也比较混乱。

显然，对于前一类人，他们做事层次感很强，很有系统，可以说他们的系统力很强。而后者做事较为混乱，没有系统性，当然系统力就很弱。这种现象放在企业管理中也同样适用，一个企业要发展，要壮大，要解决某些问题，没有系统的目标，没有有序的管理方案，或者管理方法有断层，一定会影响企业良好长远发展的，所以说，企业需要有一个强大的系统力。从企业管理的角度分析，所谓企业的系统力是指企业整个系统的文化力、运营力及管理力的综合反应。通常，一个企业成熟完善的系统力包含这样几个方面：

第一，企业经营理念。企业首先要明白自己的服务对象是谁，所生产出来的产品供谁使用，主要解决什么样的问题，等等。只有我们明确服务对象，并完善解决服务对象所存在的问题，企业才会得到发展的动力。

一般来说，企业服务的对象就是消费者，满足的是消费者需求，解决的是消费者的问题，这是企业生产产品，经营企业的首要理念。

第二，企业经营战略。在企业经营理念的引导下，企业就要想办法让消费者使用你的产品，在市场竞争日益激烈的今天，企业需要制定出相应的市场经营战略，进一步明确如何为消费者服务，也就是如何将产品卖给消费者，主要针对的是哪一类或者几类消费者等。

第三，产品策略。“酒香不怕巷子深”的时代已经过去，即使再好的产品如果没有产品策略依然会卖不出去，尤其是在媒体高度发达的今天，人们的视线受到太多因素的干扰。这里我们需要在自己的产品品牌、种类、品种、包装等方面下功夫，制定出适合自己产品的策略，明确用什么来解决消费者的问题。

第四，资源组合策略。这里包括人脉资源、市场资源、客户资源以及社会资源等，并能够把这些资源进行有效的组合，来体现解决消费者问题的优势以及竞争力。比如有的汽车4S店只是卖车，而有些汽车4S店将卖车和汽车装饰、保险等结合在了一起，能够最大限度地满足消费者的需求，解决了消费者更多的问题。

第五，运营体系。任何一个企业都只是一个产业链中的一个点，这个点是否能够长久地存在并放大，一方面与产业链中的上下游有着直接的关系，另一方面与企业内部运营方式有关。总的来说也就是企业的运营体系，运营体系的完善与否决定着企业运营的完善循环，是否能够长久地解决消费者的问题。

第六，管理体系。一个企业的管理体系包含战略管理、风险管理、目标管理、人事管理、财务管理、营销管理等各个方面，这一系列的管理所形成的体系即为管理体系，它能够保证企业安全稳定地运营，高效发展，更好地解决消费者的问题。

第七，文化体系。文化体系是我们前面提到的文化力的一种，体现的是企业经营者的价值观和企业经营理念，这一点体现的是企业用什么样的价值观为消费者提供服务，以及企业长远发展的思想。

将以上七个方面结合起来，我们便会看到一个企业的经营系统，也就是企业系统力，而以上各个方面的完善程度则决定着企业系统力的强度，决定着企业是否会有序、迅速地发展壮大。

七、品牌力

当我们听到海尔、宝马、奔驰、保时捷、宝洁这些品牌的时候，我们的第一感受是什么呢？相信很多人都会想：大公司，他们的产品一定不错，值得信赖。即使你没有用过这些公司的产品，你可能也会这么想。诸如有些人没有开过宝马车，但他的梦想却是有钱了一定买一辆宝马车开，既然他以前没有开过宝马车，也没有亲身体验过宝马车的好坏，那么，为什么他的梦想是买一辆宝马车而不是其他自主品牌的车呢？这便是品牌力的作用。

品牌力是一种知名度，同时也是一种美誉度和诚信度，虽然有些人没有开过宝马车，但是通过其他人及生活环境的耳濡目染，让他知道了宝马是一种非常不错的车，受到了很多人的青睐，为此，也影响了他对宝马这个品牌的认识。可见，一种品牌能够通过这种方式影响消费者对自己品牌的认识，并促使其产生购买的欲望，甚至发生购买行为，提升品牌的信誉度，说明这种品牌具有一定的品牌力。

从目前一些知名品牌我们可以看出，一个产品的品牌力基本上是由产品质量、品牌文化、有效传播和品牌延伸四个方面组成的。产品自身是打造品牌力的基础，这样才能在有效传播的过程中发挥其最好的效果。经常会看到一些品牌传播做得非常好，铺天盖地的广告，但是产品自身不占优势，这些品牌虽然为大多数人所知，但人们对其的接受热情不是很高，尤其是在当前消费者理智消费越来越强烈的今天，消费者对这种只重视品牌传播而不重视产品自身的品牌不会轻易产生购买行为。

一个优秀的品牌必然有一个系统完善的品牌文化，事实上，任何东西只要赋予文化，就会立刻体现出“高大上”的感觉。比如同样是名车的宝马和沃尔沃，宝马品牌的文化趋向是驾驶乐趣，沃尔沃品牌文化的趋向是安全，这种品牌文化的有效传递，会引导消费者对该品牌的细化认识。再比如摩卡咖啡有一句广告词说：“在这个世界上，我找我自己的味道，口味很多，品味却很少，我的摩卡咖啡。”这是一种文化细分上的品牌传播，不追求时尚，有自己的追求，暗示消费者选择摩卡咖啡就是坚持自己的生活方式，也是一种品牌文化的导向。还有一些企业会对自己的品牌构建一些故事，当然，这些故事可能是虚构的，比如当前一些知名的卡通形象。他们通过这样一种故事的方式向消费者传递品牌文化，从而提升了品牌力。

品牌延伸也是构建品牌力的一种重要因素，最明显的是一些企业特别是大型集团公司采用跨界经营的方式，也就是说企业的领域经营范围很广，并且一直在不断延伸，但品牌始终在用一个，比如原先做房地产的企业开始涉足酒店、建材等领域，在这种跨领域的经营方式下，企业的品牌力也会得到有效的提升。

通过以上对影响品牌力各因素的了解，我们对品牌力的产生做一个逻辑性的了解，首先，企业推出一款产品，当这款产品逐渐成功，得到消费者的认可，占据一定的市场之后，人们对这款产品的品牌便有了基本的心理认知。产品在发展的过程中，产品的功效、功能、特点进一步得到消费者的认同，逐渐地，人们会将视线从产品转移到品牌上，形成一个品牌概念。最后，当成功的产品衍生出成功的品牌之后，品牌的力量便逐渐显现出来。随后企业再推出新的产品时，获得消费者的认同就会比较容易，因为企业的品牌力能够有效引导消费者进行选择。

从以上各个方面来看，一个企业的品牌力对企业今后的发展有着积极的推动作用，企业有必要且必须及早构建自己的品牌力。在构建品牌力的过程中，我们需要注意以下几个环节：

第一，产品自身及产品文化是构建品牌力的基本要素，在经营品牌力时，首先力求做好这两点。

第二，品牌传播是构建品牌力的主要途径，一个好的传播渠道和传播方式能够最大限度地带动品牌力的强度。

第三，品牌传播是将产品和品牌独立的过程。一个强大的品牌可以包含多种同类或不同类商品，反过来，多种成功的产品可以更容易提升品牌的强度。处理好这两者之间的关系是一个品牌成长的重要环节。

八、通路力

在企业发展管理中，“通路力”这个词汇从字面意思我们不太容易理解，对于有些企业经营者来说也许是第一次听到这个专有名词。

但是，通路力在企业发展中却起着较为重要的作用。

所谓通路力，是指在一个产业链中，一个通路成员控制或影响另一个通路成员的能力，影响的领域可以涉及多个方面，比如营销能力、策划运营能力、供货方式等。通路成员是指在一个产业链中独立的经营个体。比如在销售通路中，通路成员有厂家（产品制造商）、终端销售商和厂家原料供应商。在这些通路成员中，如果一个成员有相对较大的影响力，那么他就会影响另一个成员的经营行为和策略，或者对另一个通路成员的行为加以干涉。

比如一个汽车厂家和一个汽车4S店，如果汽车厂家生产出的产品深受消费者喜欢，而且产生供不应求的效果，消费者提车需要排队等待，那么，厂家相对于该厂家的汽车4S店来说，通路力就比较强，在这种情况下，厂家在整个经营销售过程具有主动优势，他可以要求汽车4S店经销商先打款，一个月后再给他们发车，也可以要求汽车4S店一次订购不少于多少辆，尽管经销商没有那么多钱，但还是会被迫达到厂家的要求。相反，如果厂家的汽车在A地区非常畅销，在其他地区处于滞销状态，那么，A地区的汽车4S店相对于厂家来说通路力比较强，在这种情况下，该地区的汽车4S店又可以通过自己的通路力来影响汽车厂家的决策及经营方式，比如要求厂家先发车后打款，或者要求先给厂家打一部分款，一个星期后再打另一部分，或者要求厂家发销量较好的车型，等等。

所以，通路力其实是一个相互影响、相互作用的因素，谁的通路力强，谁就可以影响谁。当然，通路力的存在是基于通路成员的相互依赖关系，如果两个通路成员彼此之间没有关系，那么彼此之间就没有通路力存在。由于是相互依赖的关系，所以通路力的影响会涉及很多方面，比如销售、售后、服务、保险、风险等，只要是与彼此间业务有联系的因素都可以受到影响。

对于通路力我们还可以这样简单地理解，如果 A 更依赖 B，那么 B 对 A 就有很强的影响力，也就是通路力。通常，在一个产品制造销售的产业链中，终端销售通路成员的通路力要比产品制造商的通路力大，因为终端销售商与消费者有直接的接触，制造商生产出的产品是否能够转化为货币，关键在于终端销售商的行为，所以在某些方面，终端销售商对产品制造商有一定的牵制作用。

比如当前一些大型的连锁超市、专卖店、仓储式卖场等，这些企业的店面覆盖面往往比较广，采购比较集中，而且采购量较大，在消费者心中具有一定的影响力，很多企业的产品都需要通过此渠道进行销售，因此，制造商对这类企业的依赖性较强，在采购的过程中他们与制造商讨价还价的力量也会比较大。

对于任何一个企业，谁都想提高自己的通路力，希望在合作的过程中占据主动地位，那么，一个企业如何提高自己的通路力，或者摆脱通路成员通过通路力对自己的影响呢?

首先，提升产品号召力和品牌力，任何一个产品，只要在消费者当中形成强大的产品号召力和品牌影响力，那么就能够在一定程度上改变制造商与销售商通路力的关系，摆脱销售商通过通路力对制造商的影响。比如当今的苹果手机，由于深受消费者的喜欢，产品还没有生产出来就已经有人在销售店前排队等待购买，在这种状态，厂家的通路力明显是大于销售商的通路力的。

其次，改变经营模式。如果制造企业规定一个地区只设一个经销商，那么在某种状态下经销商必然会影响制造企业，企业依赖经销商的强度要大于经销商依赖企业的强度。但如果在一个地区设置两个或者三个经销商，让他们彼此之间形成竞争态势，这样，企业的通路力就会增强，能够有效化解经销商通过通路力来影响自己。因此，改变经营模式也是改变通路力的一种有效举措。

总之，企业在发展的过程中，有效提高自己的通路力，有助于企业在发展的过程中占据主动地位。

九、财务力

一个人从呱呱坠地那天开始，便开始向父母索要一切自己所需的东西，母亲需要通过母乳或者奶粉喂养其长大，然后教会其使用筷子吃饭，随着年龄的增长，父母需供其上幼儿园，学习人文礼仪、文化知识，接着父母需供其上小学、中学，直到大学毕业，在这段时间孩子所需的一切东西都需要父母来提供。在孩子长大成人之后，开始有能力自己养活自己，开始独立的生活。在孩子长大成人之前，不管父母需要提供什么样的东西，有一样东西是孩子始终离不开的，那就是食物，是食物让孩子健康成长。

一个企业也是如此，创业者在开始创业的时候需要付出很多精力，没日没夜地加班就是为了让企业快速成长起来，而维持企业成长的一个重要且离不开的因素就是企业的财务力，通俗地讲就是钱。不管经营者有多么完美的策划计划，企业有多么美好的前景，只要企业运营一天，就需要花费一天的费用，尤其是在企业刚刚运转的时候，它还没有赚钱的能力，甚至可能需要赔钱来经营，比如美国特斯拉公司，前几年马斯克在经营的时候就是赔钱运营的。在这种情况下，经营者就需要用钱来维持，这时经营者需要“管”好自己的钱。

当企业走向正轨开始赢利，甚至赢利可观的时候，经营者依然需要“管”好自己的钱，否则，企业依然会出现各种与经济有关的危机。

所以说，一个企业从创立的那一天开始，到发展壮大，经营者都需要做好财务方面的管理，也就是财务力。财务力通常包含这样几个因素：财务战略、财务规划、财务管理以及财务操控能力。这几个方面整体的表现称之为一个企业的财务力。

所谓财务战略，是指经营者对企业经营方向和投资方向的决定，也就是说对企业资金流向做出的具有战略性的决策。比如投资战略、筹资战略、营运战略和股利战略都属于财务战略的一种。

所谓财务规划，是指经营者对企业当前财务的整体性布局，对现金流的一个有效合理分配，在不损害企业利益、不影响企业正常发展、不违法的情况下，对现金的高效使用进行规划。

所谓财务管理，是指在企业整体的战略目标规划下，对企业购置设备、融资、运营现金流以及利润分配进行有效的管理，在企业财务制度下，处理一些关于企业财务的工作，通俗地讲就是记录处理好与企业发生的一切经济财务事宜。

所谓财务操控，是指经营者运用财务的能力，比如有些人拿 1 元钱一个星期可以赚到 10 元钱，而有些人拿 1 元钱一个星期可以赚到 100 元钱，显然，后者的财务操控能力要比前者强。

通常，一些庞大的企业在这方面做得比较完善，因此，他们抵抗经济危机的能力也比较强；而一些小企业或者对财务力不重视的企业往往觉得财务没有什么好管的，交给一个会计或者让老板娘自己管就行了，也正是如此，这些企业的发展速度往往比较慢，因为他们缺乏对财务的规划，缺乏对财务能力的认识，不能够将钱用“活”，也就是说他们的财务力较弱。而且这类企业的发展往往靠运气，一旦遇到经济危机，就可能面临灭顶之灾。

有一个企业在运营的过程中出现了资金缺口，于是他把厂房产权证抵押给银行获得了贷款，把不动产变成了能动的资金，随后他又将合作伙伴欠他的还没有到期的账款作为抵押，通过金融机构转化为现金，这样他便获得了一笔不小的资金，新建了一个厂房，生意越做越大。这其实就是财务力的一种体现，通过经营者的变通，将资金充分利用，从而推动企业的发展。

十、资源力

资源是一个较大的概念，通俗地讲就是别人没有，而你有，你就有资源。你去某个商户那里购买东西，结果他没有，而且无法给你调到货；你去另一家商户买同样的东西，他也没有，但是他能够通过自己的关系给你调到货，那么后一家商户就比前一家商户有资源，资源力更强。再比如我国人口众多，比起一些岛屿国家，我们国家的劳动资源力要比他们强，这也是一种资源力。

在企业运营管理中，它的资源力主要指的是企业的运营关系网，以及把有限的资源整合在一起发挥无限潜力的能力。小张是一位汽车销售业务员，主要工作是销售各种品牌的新车。一天，有一个客户找到他希望能够购买一辆二手进口车，小张听了之后坚定地说："实在不好意思，我主要做的是新车，二手车我没有资源。"随后这位客户找到了小张的同事小刘，小刘听说对方要购买二手车，问清了客户要买的品牌及型号之后，想了想说："这样，我找找看有没有你要的车型，半个小时后我给你回电话。"

随后，小刘动用自己的人脉关系，他先打给了几个客户，问客户有没有朋友有这种品牌型号的二手车要出售，意外的是一位客户的朋友还真有这样的一台车，而且近期准备出售然后购买新车。就这样，小刘和客户的朋友取得了联系，并很快谈好了价格，最后将车卖给了之前要购买二手车的那位客户，他也从中赚取了一定的差价。

小张和小刘相比，从工作的角度讲，其实他们的资源是相等的，只不过小刘善于利用自己的资源，将自己有限的资源进行了整合，所以做成了那笔生意。而小张在自己有资源的情况下，却未能发现其潜在的能力，所以他拒绝了客户，失去了生意。

对于企业也是一样，在市场发展的过程中，企业会积累很多资源人脉，有些企业未能发现这些潜在的资源，所以在经营的过程中一直墨守成规，默默无闻，始终没有大的发展。而有些企业能够充分利用现有的以及潜在的资源，发展很是迅速，即使遇到一些问题都能够及时高效地解决。这就是因为他们资源能力运用得不同。

当然，对于一个企业的资源力，经营者不可不自量力地滥用，否则还会造成负面效果。在日本有一家叫尼西奇的公司，主要生产尿不湿，而且在该领域该公司的技术一直处于领先地位。有一年公司经营者为了能够获得更多的利润，决定进军其他领域，开始生产雨衣、游泳衣等产品。但是，他们在开始生产这些产品的时候未能考虑到企业现有的资源力，使得本来就不足的企业资源更加分散，现实行动高于实际情况，在生产的过程中显得被动盲目，资源配置零散，产品没有新意，销售渠道堵塞，让企业很快陷入了困境。

为了摆脱困境，尼西奇公司冷静思考，调查了日本每年出生的新生儿数量，发现尿不湿是一个很大的市场，而且他们在该领域技术一直处于领先地位。于是他们放弃了原先雨衣、游泳衣等行业，整合资源，确定目标，开始专心致志地生产研发尿不湿。随后，他们生产的尿不湿产品不管在质量、服务、品种上还是在价格、服务、销售方面都要高于同行业的产品，在市场中很快占据了优势，短短几年的时间便获得了“尿不湿大王”的称号。

资源力是一个企业发展的能力，一方面我们要善于开发、善于利用，来提升自己的资源力；一方面我们在运用的过程中要量力而行，有多大的资源力就做多大的事情，不可盲目夸大运用。

第八章　构建最佳商业模式

一、在反思中找到创富新思路

社会发展是一个不断前进的过程，每时每刻都在发生着日新月异的变化。所以作为一家公司，自创建之日起就要紧跟时代发展的步伐，在发展中做到求变求新，灵活自如而又能长袖善舞，这样才能牢牢占据赢利的制高点，并使企业得以长久地生存下去。

而做到这一点，并不是一句简单的“与时俱进”口号就可以解决实际问题，它需要企业领导人具有高度自觉的反思精神，用眼睛去观察、用心去体悟和把握社会频率跳动的脉搏，这样才能寻找到适合自身发展的切入点。

其中的原因很简单，一个企业所遵循的商业模式并不是一成不变的，尤其是在如今这样一个竞争激烈的多元化社会，谁抱残守缺谁就会落伍于这个时代。所以必须和社会进步同频共振，并在此基础上努力找准企业可持续发展的利润点，开创出一条新的创富思路。

张元是一家大型房地产公司的老总，公司每开发一个新的社区，都要预留相应的商铺供出售出租，以方便小区居民的日常生活。但是受网络经济等多种因素的影响，这几年张元公司的商铺销售状况不是太好，很多业主担心卖了之后没有多大利润可赚，因此投资都非常谨慎。

商铺销售不出去，不仅会影响到张元公司的整体利润，同时对小区的长远发展不利，从严格意义上说，只有业主而没有商铺支撑的小区并不是一家成熟的社区，也会对公司的楼盘名誉带来负面效应。

张元痛定思痛，静下心来思考如何打破这种僵局。

显而易见，常规的营销宣传已经不足以吸引客户的眼球了，张元认识到，只有给予商户实实在在的利益，让他们感觉有钱可赚，从而下定决心购买，这样才能实现双赢的局面。一番思索后，张元提出了“创富基金”这一新的商业销售和运营概念。

“创富基金”简而言之就是和商户合作共赢，也就是由公司出资，为业主提供装修补贴和开业奖励，这样做无形地解决了客户购买商铺的后顾之忧。以前他们担心因为装修等因素而带来的资金压力此时则由房地产公司负责，而且装修风格和装修方案由购买者自由决定，只要体现出个性化的特色即可。

这一系列的优惠措施当然也有一定的限制条件在内，这就是客户想要获取“创富基金”，就必须在规定时间内完成装修并能正式开业。

张元的这种想法可谓“创意十足”。一方面促进了公司商铺的销售力度，在公司获得利润的同时也有力地促进了商户开业的快速性与一致性，进而加快了社区商业氛围的形成，无形中也提升了区域商业档次和社区居民生活水平，真正实现了买卖双方的互惠共赢。

可以说，张元的“创富基金”这一战略思想，是地产行业的一种新的营销方式与创富新思路。这一奇特构想为公司赢得了额外的商机。

商业竞争，是模式的竞争，也是头脑的竞争，正如同“人无远虑、必有近忧”的道理一样，没有反思精神就认识不到自身的长处和缺点，这种故步自封的思想会让企业陷入僵化保守的状态之中。

所以说止步不前便意味着落后，好比逆水行舟一般，不进则退，用不了多久就会被市场无情地淘汰。只有时刻以进取的思想态度去抢占先机，如此才能无往而不胜。所以作为一名企业领导人和个人事业的开创者，脑海中应当一直有着强烈的危机意识和进取精神。在竞争激烈的商业江湖中，做到不断地调整自身的发展模式，常变常新，以适应社会和行业发展的趋势。

二、简单与高效

评价一个人，主要看他做事情时的能力和水平，也就是如何以最快的速度、最小的代价获得最大的收益。这也是哲学上所讲的化繁为简，将复杂的事情简单化，处理问题的手段雷霆万钧、如快刀斩乱麻一般。能够做到这些的是高人，反之将简单问题复杂化的则是庸人一个。

同理，做企业也是这样的道理。企业的目的是为了赢利，在利用一切可以利用的条件的基础上寻求最佳的商业模式。所以为了达到利润最大化、成本最小化的目的，需要有特定有效的管理手段来作为重要辅助。

商业模式千变万化，各有各的特征和不同，那么什么样的商业模式才是最好的呢？这时企业管理者就应该清醒地认识到简单、高效这四个字的内涵和意义。能够以简约化、效率化的商业模式来参与市场竞争，无疑是最佳的经营方式。做不到这一点，无异于缘木求鱼。

所以我们在生活中常常看到这样的情况：同样的企业，都拥有一流的设备和一流的人才，企业经营者从早到晚忙碌不停，一年到头甚至连喘口气的时间也没有。但是最后比较发现，有的企业不是赔得一塌糊涂，就是在微薄的利润中苦苦挣扎，看不到希望和未来。而有的企业则不是这样，他们反而赚得盆满钵满，利润滚滚而来，两者之间出现巨大差别的根本原因就在于各自是否找到了适合自己发展的商业模式，也就是说，是否做到了简洁和高效。

近十年来，我国化妆品行业发展迅猛。然而这几年凭借网络时代的崛起，巧妙利用O2O线上线下共同运营的模式，新兴的电商品牌潮流开启，我国的化妆品市场逐渐由单一化走向多元化。

作为化妆品产量最高的国家之一，我国化妆品市场愈发竞争激烈，有些中小企业则顺势而起，而有的则以失败而告终。在激烈的品牌竞争中，越小姐MissYue面膜是一个没有任何广告、没有明星代言的品牌，它靠着用户的口口相传，在各大微信朋友圈、微博、社交网站逐渐兴起，进入公众视野。因为这种商业模式简单、高效，所以产品还未上市分销商就抢定了十万盒，分销商与用户口口相传。

越小姐MissYue全球首创创业“零”模式：

越小姐MissYue面膜的商业模式是在零人脉、零背景、零投资、零风险境况下，用一部手机、一片面膜就实现梦想，所以真正能做到零培训、简单才是硬道理；零投资创业成功才是真正亲民；零风险马上能见回报才吸引人；零背景、零关系能做大做强才是真本事；零库存、零压力日出货量上百万。以上这些越小姐MissYue都已经做到!

越小姐MissYue最大的特点就是在指尖上创业，无论在哪里，只要用户用自媒体工具添加越小姐MissYue官方微信或者访问官方网，就可以轻松了解其产品。

此外，越小姐的运营还有一个特点，就是没有广告、没有明星、没有宣传、没有会议、没有培训、没有风投资金、没有靠融资，更没有收取代理费、加盟费。就是每天在网络上、微信上和朋友分享越小姐 MissYue 面膜，和朋友们分享关于产品的故事。该企业的商业模式就是这么简单，也正是因为这样简单、高效的商业模式，使得越小姐这款产品受到众多女性朋友的青睐，也充分说明了简单、高效才是最佳的商业模式。

正如一句俗语所说："合适的才是最好的。"那么，什么叫作合适的才是最好的呢？其实企业经营者所采取的商业模式一定要体现出简洁高效的特点，这样才能具有强大的生命力和竞争力，自然也就是最佳的商业模式了，会让你在商海中来去自如、游刃有余。

三、跟着别人的脚步走最安全

如果要问一个人，实现自身人生和事业的理想，选择做一个开拓者还是亦步亦趋、稳稳当当的守成者？相信许多人会充满豪情地说要做一个开拓者，在激烈的社会变革中独领风骚，享受那种站在巅峰处傲视天下的感觉。即使是个人没有那分勇气和胆量，但是从心底深处依然会有些看不起那些亦步亦趋的"老实人"。

其实静下心来仔细思考，做开拓者固然风光无限，但前提必须是以成功为基础，否则所有的付出都将付之东流。而选择了稳中求胜的人，追随着开拓者的脚步，他们的成功和失败的经验教训都可以为我所用。借鉴他们成功的方法，规避他们失败的地方，就像在激流暗涌的险滩上行船一样，保持距离、跟着前面的航船前进绝不会有覆亡的危险。

做企业也是如此，如果说开拓者是激情无畏的勇者，那么稳中求胜者则是睿智成熟的智者，"前事不忘，后事之师"，在激烈的市场竞争中跟着别人的脚步前行，常常是最为安全的一种经营方式，也更能长久。

随着互联网的兴起和兴盛，网络经济一词也逐渐深入人心，人们很快发现这是一块利润巨大无比的价值蛋糕，谁参与到其中谁就会有不菲的收益，当然前提条件是要有正确的商业模式和经营管理之道。

曾几何时，提起网络经济，人们首先是想到几家比较大的网络公司，如Yahoo、ebay等大公司，他们得风气之先，抢占了这块蛋糕上的头彩。但网络经济所带来的利益并不是只由这些“下海”比较早的网络公司几家独享的。恰恰相反，当这几家网络公司在资本市场上纵横捭阖、跑马圈地的同时，像Intel、Cisco和Dell这样依靠卖硬件起家的传统企业也看到了其中所蕴含的巨大商机。

这些硬件企业经营者经过一番详细的考察和分析认为，既然别的公司已经从网络经济中捞取了第一桶金，实践证明这块商业领域安全可行，顺着别人走过的路绝对不会有错。于是他们纷纷调整战略，瞄准电子商务这一新兴市场，勇敢地加入到了“分蛋糕”的行列中去。

以Intel公司为例，一旦找准了营销的正确道路，公司立即将其上升到发展战略的高度来认真对待，并为此做了精心细致的准备工作，在企业内部展开全面整顿，从网络设施、商务流程、顾客服务等各个方面进行新的流程构造。

这一系列的整顿很快取得了成效，当月公司的网络销售金额就达到惊人的10亿美元，现如今电子商务这一销售平台已经成了公司最为重要的销售渠道。反观其他几个硬件公司，也都通过电子商务捞到了令人震惊的实际利益。

相比较于传统的销售方式，电子商务算是比较新兴的一种销售模式，也是网络经济中的重头戏。但是正因为前面有几家大的网络公司从中获取了丰厚的利润，所以以 Intel 为代表的硬件销售公司才会义无反顾地投身进去，在一定的时机和一定的环境下，结合自身的优势和特点，跟着别人的脚步前行，这样少了许多摸索和不必要的弯路，所以这几家以硬件为主打业务的公司也在互联网经济浪潮中收获了它们想要的成功果实。

当然，还需要注意的是，跟着别人的脚步前行，一定要先观察自身是否适合这条路，各项工作也是否准备得充足完备，绝不打无准备之仗。其次是果断地抓住时机，商战之中各种信息千变万化，机遇稍纵即逝，因此当看到别人的商业模式可行时，务必要出手迅速，否则会在迟疑观望中丢失掉最佳的发展机会。

四、在复制中改良，逐步完善

商业模式需要创新，但商业模式也不排斥模仿和复制，会复制、会学习其实也是一种竞争，或者说是另一种形式上的创新。尤其是现在的市场经济时代，各行各业都处在一个跨界和融合的状态，正如日常使用的手机一样，以前叫作通信工具，现在则称之为移动终端，名字的简单变化其实也反映了其内涵有了新的扩展和转移。

在以前的传统行业，人们常常认为同行是冤家，因为只有同行才可以模仿自己，并在竞争中超越自己。但是现在社会形势的发展变化已经使得很多行业之间严明的分界线变得模糊起来，不同行业也会产生跨界的竞争，这其中起着重要作用的因素就是商业模式的可复制性。也就是只要适合自己的都可以拿来学习，特别是那些优秀企业的商业模式，更值得我们去钻研分析，然后借鉴使用逐步加以改良，从而使这一商业模式完全内化为自我的东西。

所以不难看出，在这样一个内化吸收的过程中，涉及三个关键要素和渐进的流程，这就是模仿、模仿加创新、创新，一步步完善我们所借鉴学习的商业模式。这是一个改造消化的过程，也是一个自我升华的必经阶段。

李辉是一家酒业公司的负责人，跨入白酒这个行业，他才发现其中竞争的惨烈程度，如果稍微有一些懈怠松弛的思想，就会很快被无情的市场所淘汰掉。作为大众的消费品，李辉深知商业模式的重要性，能否找到一个合适的商业模式将决定着公司的兴衰成败。

所以在公司的先期筹备中，李辉就下了一番功夫去研究同行业酒类公司所采取的商业模式，希望从中可以寻找到给自己以启发的地方，因为此时对新手的自己来说，复制和借鉴也许是最好的方式。而在这一块做得比较好的就是茅台和五粮液等知名度比较高的品牌，相类似的还有娃哈哈、蒙牛等饮料型行业。

经过一番认真细致的比较，李辉逐渐发现了他们的营销共性，这就是无论采取哪种渠道营销模式，尽量降低成本、保障客户权益以及满足客户的实际需求是他们所采取商业模式工作内容的重中之重。

为此李辉联想到自己所开设的公司，完全模仿并不太现实，但是经过改良之后转化为自我所独特的模式则是可行的。于是他顺着营销渠道延伸的方向思索着对策，思考如何在最大限度地满足客户需求为导向的基础上实现公司发展壮大的目标。

在研究论证之后，李辉决定实行大客户直销模式，这一种直销模式也叫作终端拦截。白酒市场竞争激烈，然而在酒店内部，相同牌子的白酒售价变得非常高，从个人成本考虑，消费者就餐时自带酒水的情况越来越多。

李辉就抓住了这个机遇，通过终端拦截的方式，采用大客户直销的商业模式，让消费者既能买到心目中的好酒又能享受到幅度较大的优惠。这种新颖的商业模式就是从知名品牌白酒销售模式中复制转化而来的，从中可以找到直销的影子。

李辉认为，他这一个在复制别人直销模式基础上逐步完善的大客户营销模式，是一种独特的客户解决方案商业模式。因为它既照顾了客户的面子，又解决了他的招待问题，实践证明他的这种模式获得了巨大的成功。

复制不是单纯的复制，一成不变的模仿只是比葫芦画瓢，完全移植过来会让己方出现水土不服的情况，这样企业的生产经营就会陷入困境和被动之中。所以企业经营者在复制中还要做到完善和创新，不断地创新提升才是最科学的方法，做到灵活第一。

同时还需要注意的是，即使是学习模仿，也需要抓住时机，也就是一旦发现对方的模式有赢利的可能，就要去率先模仿，牢牢把握先机，才能无往而不胜。

五、构建长期的利润保护屏障

做企业最怕的是什么？最为担心的无疑是没有市场、没有利润。特别是自己辛辛苦苦打拼出来的一片天地，迅速地被他人所占领，“苦恨年年压金线，为他人作嫁衣裳”。这是最无奈，也是最可悲的事情。就像草根江湖的山寨文化一样，你做好了之后别人很快就可以拿来为我所用，遇到一些聪明者，甚至比你的这个原创发展得还要好，真正做到了“后来居上”，出现这种局面只能令人哭笑不得。

正如前几年比较火爆的微博一样，当时在自媒体领域独步天下，一副舍我其谁的状态，可是它刚刚培养了一大批用户，正当准备在利润的道路上狂奔的时候，谁知道微信横空出世，并在很短的时间内与之并驾齐驱、平分秋色，这就是没有远虑必有近忧的结果。所以建立一道利润保护屏障，是每一个清醒的企业经营者都必须认真考虑并付诸实际行动的事情，如此才能使自身在商海浪涛中走得更加平稳长远。

在饮料消费品行业，可口可乐可谓是大名鼎鼎，无人不知。自从它从 19 世纪诞生以来，经过一百多年间的传奇发展历程它已然成为了一种风靡全世界的大众饮品。根据相关资料的数据表明，目前全球每天有 17 亿次的消费者在尽情畅饮可口可乐公司的产品，它的销售数据更为惊人，每秒钟就可以售出大约 2 万瓶的饮料。

面对如此巨大的消费市场和辉煌业绩，相信很多人会激动不已，内心会涌动起各种想法：如果能做到它的十分之一就已经非常了不起了。况且它只是一种饮料而已，依照常理推断，应该没有什么特别的技术难度，也许它的成功在于自身起步早，品牌形象深入了人心。

如果你抱着这种想法就大错特错了，可口可乐成立一百多年来，之所以能够傲视群雄，始终引领着饮料行业的消费方向，固然其品牌形象和营销方式是一个重要的影响因素，但最为关键的地方在于它本身所具有的独特口感，并且这种独特口感是建立在特有的技术配方上，这才是可口可乐公司最有价值的部分，也是它能够保证公司实现长期利润的重要筹码所在。

对可口可乐饮料技术配方的保护上，公司可是下了一番苦功。

从研发出可口可乐饮料配方之日起，公司老板就把这一配方当作最高的机密，只有公司最忠诚、最核心的人员才能知道它的一些底细，但也不是全部。在和全球的厂家合作生产时，可口可乐公司也是只提供半成品，只有那些无关紧要的成分向公众透露，但核心处的配方部分由公司亲自完成并派专机护送。

由于可口可乐公司在技术配方的保密工作上做得非常到位，所以自诞生至今一百多年的岁月，只有它所生产的可乐口味才是最正宗的，虽然也有很多公司在不断地模仿和复制，但是从未能超越它奇特的口感，看着它滚滚而来的利润，只有望洋兴叹的份。也正因为如此，百年岁月造就了可口可乐百年的辉煌，成为一个奇迹般的存在。

可是在实际的商海浪潮中，有这样的一批公司，他们在刚刚成立的时候，通过自我对市场的敏锐观察，的确找到了新颖的并且可以满足客户隐性独特需求的商业模式，这种商业模式也给他们带来了丰厚的利润。但是由于他们没有找到利润点的保护机制，很快就会有大量的企业纷纷跟进，从而使得自己从这一商业模式的“先驱”变成了“先烈”，将偌大的已经开发好的市场拱手相让。

因此说企业经营者在选择适合自身公司发展的商业模式之后，一定要注重并着力培养利润点的保护屏障，就是特别独自擅长的能力和独享的资源，如排他性的推销渠道协议、专利保护等，这样才能在激烈的市场竞争中屹立不倒。如果没有的话，你可能是在帮助后面的企业培育市场，为他人白白奋战了一场。

六、商业模式提升关键点

想要提升商业模式，先要了解商业模式的实质和内涵。商业模式其实是一个经济实体的一种科学的赢利方式，并在赢利的基础上实现企业发展的可持续性和竞争力。所以说企业经营者在做提升商业模式的工作时，首先要弄明白商业模式这一概念所包含的三个问题。

第一个问题是要清楚你所卖的产品，其中它所蕴含的独特价值和客户价值是什么？同行业相同的产品和你的商品相比有什么亮点？第二个问题就是你是否明白客户潜在的巨大需求在什么地方？第三个问题则是你如何从这种客户价值创造当中寻找到一种切实可行的赢利模式？

这三个问题层层递进，从生产到销售以及后续的售后服务都有所涉及，简单地概括起来也就是做什么、如何做、怎样赢利的问题。美国著名投资商罗伯森曾这样讲过："商业模式就是一块钱在你的公司里转了一圈，最后变成了一块一，这其中增加的部分就是商业模式所带来的增值部分。"

从这个意义上说，选择适合对路的商业模式并能在发展中结合自身实际使之逐步提高完善，很大程度上关系着企业的兴衰成败。没有一个合理科学的商业模式，不管企业的名气和资产曾经有多大，必定会在前进的过程中逐步走向衰亡。

所以说提升商业模式很关键，围绕着商业模式做什么、如何做以及怎样实现赢利的核心，从其本质和内涵中入手，在提升过程中应当注意以下几个关键点：

第一，提升商业模式的时候要把创新原则放在第一位。创新是一个厚积薄发、水到渠成的过程，在反思中寻求最合适、最科学的商业模式。所以说企业经营者要善于创新，也要敢于创新。

在企业整个生产过程中，都需要创新的介入，比如企业资源开发、营销体系、产品流通等，只要我们站在客户的角度去规划，那么，任何一个环节的创新都可以成为一种成功的商业模式。

正如乔布斯所说的那样："领袖和跟风者的区别就在于创新。创新无极限！只要敢想，没有什么不可能，立即跳出思维的框框吧。如果你正处于一个上升的朝阳行业，那么尝试去寻找更有效的解决方案：更招消费者喜爱、更简洁的商业模式。”

第二，提升商业模式应以价值定位原则为中心。企业生产产品是为了满足客户的需求并售卖出去，所以在商业模式的提升中始终以实现客户的需求这一目标为最大价值取向，企业经营者的思想也应由企业角度转向客户角度，由占领市场转向占领客户，把客户作为思考的中心，创造出满足客户需求的产品价值。学会换位思考，认真考虑顾客所期望获得的利益所在。

第三，提升商业模式一定要注重客户的偏好。客户的偏好是客户所特别需求的部分，具体又分为显性需求和隐性需求。社会的进步、环境的变化、知识水平和思想的提高都会影响到人们需求的变化，所以企业经营者一定要时刻关注客户这种需求的变化，提前预测到他们偏好的改变方向，做到及时把握跟进才能够从容应对。有时商业模式的提升并不需要特别大的动作和创新，善于倾听客户的意见和建议，然后在这个基础上进行提高，也许在一个细节上的轻微改进就能赢得客户的内心。

第四，善于学习和反思自身。同行的优点是什么？我们的不足在哪里？行业的发展趋势在哪里？这几个问题虽然很简单，但是直指问题的核心。学习先进企业的长处和优点，总结失败企业的经验和教训，然后扬长避短，稳步提升自身的商业模式，以适应市场形势发展的客观需要。

思路决定出路，布局决定格局，商业模式决定企业成败。作为企业的经营者，我们所要做的就是找出适合自身的成功商业模式，并把这种商业模式的赢利能力发挥到极致。

七、从“特征”看商业模式

在实际的商海浪潮中，商业模式是企业经营者在采取行动的时候所能依据的战略蓝图。通过实施自我选择的商业模式来检验企业的生存和赢利能力，在这样的一个过程中，明智的企业经营者可以更好地理解什么样的商业模式可以推动企业快速地发展，而什么样的商业模式又成为了导致企业失败的根源。

所以说，商业模式有很多种，各行各业都有自己所遵循的模式和理念，但是成功的商业模式却有其相同的特征和内涵，当企业经营者明白了成功商业模式所具备的几大特征时，也就可以对自身企业的战略方向和流程再造提供重要的参考依据，并以此为方向，对内部的经营和销售环节进行全面的调整。

从其内涵和外延上讲，一个成功的商业模式应当具备以下几种特征：

首先，成功的商业模式要能够为客户提供独特的商业价值。有时候这个独特的商业价值可能是一种新颖的思想，但更多的是企业产品和商品后续服务的一种独特性的组合。在这种组合方式下，它可以向客户提供额外的商业价值；也可以使客户能够用更低的价格获取同样的利益。

也可以说，只有客户满意了才会有广阔的市场，我们企业自身也才能从中得以赢得利润。显而易见，一个不能满足客户价值的商业模式，其赢利的能力将是非常薄弱的，即使有一定的利润也是一种暂时、偶然的存在，难以维持长久。所以作为企业经营者应当把对客户价值的实现作为企业战略目标的重中之重。

其次，成功的商业模式是难以模仿的。企业经营者一旦确立了自己与众不同的商业模式，那么后来者就很难模仿或者复制，即使是有所效仿，也难以学到其中的精髓和奥妙所在。比如对客户优质的贴心服务、无与伦比的执行能力等，以此来提高行业的准入门槛，从而使得自身永远行走在行业的前列，成为别人仰望的开拓者和领路者。

例如，格兰仕这样的企业，它在创建之初就采用大规模、大降价以及确保核心技术能力这一战略定位的方式，为那些后来的进入者设置了一道不低的门槛，其他企业进入就意味着没有任何利润可言。正因为如此，格兰仕才能在微波炉等小家电领域一直笑傲江湖。

再次，成功的商业模式是一种脚踏实地的实干精神。无论是挫折还是困难，无论是发展还是创新，要求企业经营者具有一往无前的坚持和忍耐精神，任何时候都要实事求是地埋头苦干。企业经营者年复一年、日复一日地坚持，尤其是在当今这样一个竞争激烈的市场环境下，这种精神尤其显得难能可贵。可是现实之中的很多企业领导对于公司的赢利方向和赢利能力以及客户的需求变化都不甚了解，产品没有任何的内涵价值，仅仅是通过炒概念、玩噱头等方式来忽悠客户，急功近利，这样做又怎么能够走得长远呢？也肯定不是成功的商业模式。

最后，成功的商业模式必须具有强大的适应性和竞争力，有助于企业的创新和进步。成功商业模式的组成部分之间是一种彼此协调、运转有序的内在关系，它们有机地结合在一起，整合了团体内部的所有资源，并能够在这个基础上敏锐地反映出市场形势的变化趋势，从而推动企业进行必要的自我调整，形成品牌的核心竞争力。

做公司的本质是在承担社会责任基础上进行适当的赢利，所以任何一个企业经营者都必须寻找到成功的商业模式才能实现公司发展壮大的梦想。沃尔玛、可口可乐、微软、华为、联想，这些企业无一不是从小到大一步步走向辉煌和成功，而其成功背后的秘诀无非是找到了适合自己的商业模式，并在实践中把这种商业模式的赢利能力快速发挥到了极致。

第九章　最常见的六种销售商业模式

一、直供商业模式

商业模式是一种多方共赢的价值体系，是一个企业在自身战略资源指引下的一种商业运行组织，根据其销售的方式，现今流行的商业模式一般可以分为六种，第一种即是直供商业模式。

顾名思义，直供商业模式是指生产厂家直接负责产品的销售和供应，由企业亲自打造一支销售团队，然后对全国的市场进行区块的划分，并在这个基础上规定一定的销售任务，分别指定相应的销售团队进驻。这些销售人员代表厂家并对公司负责，由于有业绩的要求，所以他们要努力开拓市场，以保证工作任务的完成。

直供商业模式的实行是一种企业直接参加销售的垂直管理体系，这样将有助于公司对产品销售市场的精耕细作，同时扣除成本后所有的利润归公司所有。所以对那些有着庞大资金实力的企业来说，选择直供的商业模式有很大的优势。

但是并非所有的企业都能适用于直供商业模式，因为这一模式有其特定的范围和条件限制，比如它首先要求企业产品的销售半径要小，也就是无须过多的经销流程，可以直接面对终端的消费者。

其次，产品的价格一般都比较低，也就是大众眼中的普通消费品，认可度和接受度都比较高，消费的频率也非常快。容易培养出消费者的忠诚度，也容易失去消费者的信赖，是短、平、快的集合体。所以它在要求企业产品应具备价格低廉特点的同时，也对产品的质量提出了更高的诉求。

最后，这一种销售模式需要制造商具有强大的执行力，管理控制的能力比较强，现金流也必须充足。因为它兼具生产和销售双重功能，特别是销售这一领域，能否打造出一支业务能力强的市场精英，并对其实现良好的管理，将决定着企业这一营销模式的成败。另外如果没有充足的现金流作为坚强的后盾，企业在发展的过程中将很快面临资金链断裂的压力，既要生产，又要销售，这样会给企业的后续发展带来严重的影响，一旦首尾难顾，失败也将无可避免。

由于直供商业模式这些特殊情况的限制，所以很多企业在选择适合自身发展的模式时一定考虑再三、慎之又慎。例如可口可乐、康师傅等这些实力强大的企业，一开始选择的是直供商业模式，但是他们在日后的实践发展中逐步意识到这样做有些力不从心。因为中国的销售市场战略纵深很大，渠道系统复杂且有其独特的市场营销特点，加上市场的规范化程度也比较低，所以想要在全国范围内建立起这样的一种模式，其难度是可想而知的。因而这些大公司后来便逐渐放弃了最初所坚持的直供商业模式，转而寻求新的、适合自已的营销模式。

然而在实际的营销竞争中，直供商业模式还是有着自身特定的市场存在，尤其在那些利润较丰厚的行业，企业自身的资金也比较充裕，选择这一商业模式还有很大的发展空间。以白酒市场为例，这一行业一般来说有着很强的赢利能力，公众的消费意识也较高，因而有些实力雄厚的公司依然会毫不犹豫地选择这一商业模式。其中比较有名的是云峰酒业公司，在全国各地成立了销售性公司，直接控制市场终端，它所筹建的广州、西安、合肥、湖北等区域云峰酒业公司在当地市场上均具备一定的实力与良好的平台基础，也取得了较好的利润。

二、总代理商业模式

提起代理这两个字，相信很多人一定不会陌生，生活中随处可见的某某品牌代理，已经成为了商业市场中一道独特的风景。大到高端商品，小到日常精致的消费品，已然广泛地深入到了民众的内心深处。如果用专业术语来表达，这就是人们口中所说的总代理商业模式。

总代理商业模式是指生产厂家寻找到管理和营销能力都比较强的行业经销商，然后授权他们经营企业的产品，企业以自身所能接受的价格将产品批发给经销商之后，后续的营销工作则完全由一级经销商来负责，包括品牌的塑造、市场的划分、经销商的再分级等工作，全部通过总代理商来完成，当然所产生的延伸利润也由这些经销商所得，与源头企业脱离了关系。

总代理商业模式的诞生具有市场纵深发展的必然性。因为对广大的中小企业来说，第一大难关是生产出合格的产品，第二大难关就是将产品推向市场并取得不错的赢利。这两者是一种相辅相成的关系，任何一环的缺少都会让企业陷入万劫不复的深渊。

尤其是销售环节，这一块对大多数企业来说是发展的软肋和薄弱之处，正如俗话所讲的那样：“会做的不一定会吆喝。”产品销售和生产是完全不同的两个概念。一个企业要想打造自己独有的销售平台，就必须下大力气去建造一支销售精英团队，而要建立这样一支团队，企业自身首先需要从最基本的人力资源入手，然后一步步延伸到管理控制、市场预测、渠道经营等诸多问题。

如果企业执行能力强，销售团队也非常得力，企业会从中受益无穷。但理想和现实一旦发生了冲突，那么一手打造的销售体系反而成为了企业进一步发展的拖累。这就像冲关游戏一样，通过了几关以后，下一关胜利了也许会让我们有丰厚的奖赏，但是失败了就会前功尽弃。因此这个时候企业就面临残酷市场规律的考验和测试，是进是退应当根据自身的实力和能力做出正确的判断。

所以在重大的选择面前，明白自我实力所在的企业常常会退而选其次，也就是将销售工作交给有一定营销渠道的代理商去做，这样可以省去企业在当地市场执行层面所遇到的困难。然后它们就可以把节省下来的精力重点放在企业的生产经营上，一心一意做好、做硬产品的质量即可。相信只要有过硬的产品质量，加上代理商的大力推介，企业产品的行销势头一定会是一个喜人的局面。

除了销售环节这一重要因素的影响之外，企业发展还要清醒地认识到资金在其中所起的巨大作用。许多中小企业不缺人才，产品的质量也非常过硬，但是由于不能处理好资金的流转和变现，所以使之成为压垮企业生存的最后一根稻草。

因而选择总代理这一商业模式，则可以很好地避免企业因资金周转的问题而难以为继的现象，代理商缴纳一定数量的保证金和代理费用，同时还先期预付价值不菲的货款，这样有助于改变中小企业资金基础普遍薄弱的现状。更有甚者，很多产品质量过硬、品牌价值高的企业，它们可以通过这种方式完成最初原始资金的积累，有了大笔的现金在手，无疑能够使得企业的发展驶入快车道。

从这些分析来看，总代理的商业模式适应了当今市场的客观实际的发展变化，是许多中小企业最佳的一种模式选择。但是市场在变，各种商业模式也总在推陈出新，如果代理商对所选择的代理对象有严格要求的话，这一模式将会受到极大的挑战。

三、联销商业模式

联销商业模式便是在总代理商业模式有所不便或难以施行的情况下应运而生的。它既是总代理商业模式的延伸和深化，又是另一种新颖商业模式的流变和创新。正如哲学上所讲的那样：存在即是合理。它的合理性正是它自身适应了市场竞争发展变化的重要表现，并以其自身独特的模式参与到商业竞争之中，从而推动了市场经济下销售模式的纵深跨越。

事物的发展总有利与弊两个方面，两者并存共生。总代理商业模式是大多数中小企业的选择，但是选择者多了，相应地被选择者就显得稀少而珍贵了。在总代理商业模式刚诞生的初期，生产企业一般都不难寻找到适合自己的总代理商，双方往往是一拍即合，各取所需。

然而随着市场竞争的加剧，以及总代理商理智的成熟，他们面对越来越多的招商行为感到茫然无从，警惕心理非常严重。因为有些进行招商活动的企业，无论是实力还是产品性能都一无是处，纯粹是鱼目混珠，希望能招募到一些代理商而从中渔利。其实对自身来说，根本就没有长远发展的眼光，一旦相关的利益到手，立即溜之大吉，这样就将市场的风险和损失转嫁到了代理商头上，由他们来分担企业急功近利所带来的恶果。

混乱的市场让这些代理商们时刻睁大自己的眼睛，最大限度地去伪存真，希望能够代理到的是产品质量和实力都非常过硬的企业。而对那些好的企业来说，他们也常常为这些鱼目混珠的假、大、空招商行为所困扰，使得他们也难以和最好的代理商进行良好的合作。

如此一来，买卖双方的信息不对等成为了横亘在企业和代理商之间一条不可逾越的鸿沟。没有彼此的信任就难以进行真诚的合作，危机也由此产生。只有革故鼎新、大力破局，才会有新的局面出现，于是联销这一商业模式横空出世。

联销商业模式的实质就是企业和代理商之间坦诚地强强联合，双方用智慧创造出了这种新颖的共赢模式。那些比较有实力且营销渠道非常成熟的经销商为了降低自身的商业风险，同时为了规避假、大、空的不良招商信息，转而选择了与企业进行捆绑式合作的方法。也就是制造商与经销商按照事先约定好的比例分别出一部分资金，共同成立一个联销体机构。

这种联销体机构由于是建立在双方自愿互利的基础之上，因而它既可以控制经销商的市场风险，也可以保证制造商始终有一个很好的销售平台。这样双方都有利可图，利益上的一致性也使得他们在合作中能够做到同呼吸、共进退的发展格局。

故而联销体这种营销方式一经面世，便受到了很多有理想、有追求，并致力于企业长期发展的制造商的热烈欢迎，当然，那些实力雄厚的代理商更是乐见其成。

四、仓储商业模式

商业模式是常变常新的，没有一种商业模式可以适用所有的生产经营实体。仓储式商业模式就是在这样的背景下诞生的，迎合了一部分企业的发展特色，并成为六种商业模式的一个类别。

从名称上看，仓储式商业模式里面包含着储备的含义，也就是生产企业作为产品市场销售的最大储存地，并以此为平台，将所有售卖的商品源源不断地推向社会。

仓储式商业模式的出现主要根源于制造商对自身产品的信任，相信企业品牌的市场竞争能力，并且企业建立的销售渠道也很正规，触角可以遍及全国任何一个区域市场，当然有时候企业考虑到自身竞争力的下降，也会积极考虑直接融入到销售环节中去，通过价格优惠来增强与同行之间争夺市场的资本，在这样的背景下，仓储式商业模式便应运而生了。

从概念和方式上看，仓储式商业模式和直供商业模式有很多的相同之处，都是企业将自身的业务延伸到销售领域，兼具生产和销售功能，都有助于企业对销售市场的精耕细作。但仔细观察，两者也有很大的差别，其中最大的不同就是对销售市场的控制力度上。

对于直供商业模式来说，虽然它也参与到销售中，但是企业本身并不直接拥有自己所属的店铺，它的销售方式主要是通过第三方的平台来完成销售目标，也就是企业将货源直接供应给第三方销售平台，由它们继续下一环节的销售任务，这就像运动比赛中的接力赛一样，企业一方将任务传递给下一个队友，他们接过接力棒之后，继续在这一条共生链上奔跑，生产和销售之间是一种“一荣俱荣，一损俱损”的关系。

而仓储式商业模式则不是这个样子，它们参与销售的力度更深，触角也更广泛，也可以说，是将生产和销售两个环节完全连接到了一起，不分彼此，都是企业所必须着力解决的管理课题，时刻考验着企业经营者的执行力强弱。因而对已采用仓储式商业模式的企业来说，它们拥有自己的销售平台，并且这些平台是自己一手建立起来的，通过自己的销售平台完成市场配货功能。

仓储式商业模式的销售平台集店面和仓储功能于一身，既能起到展示企业自身形象的作用，也是企业直接面向销售者的最末端营销载体，这里的所有销售人员都是厂家直接派遣并受厂家的管理控制，这样做的目的是为了降低销售渠道的系统成本，由于采用了企业直接将产品配送到消费者手里的方式，所以有利于提高企业在市场上的价格竞争能力，和对手进行市场争夺时，具有一定的价格优势。

仓储式商业模式在销售层级和价格上的优势，使得一些大公司在创建适合自身的商业模式时，会直接选用这样的销售模式。例如 20 世纪 90 年代，四川长虹电视这一国产品牌在中国大陆市场上的销售势头如日中天，正是出于对自身品牌影响力的信任，所以长虹集团从当时的客观实际出发，毫不犹豫地选择了仓储式商业模式，在当时也确实创造出了不俗的销售业绩。

五、专卖商业模式

专卖这个词语在生活中被广大消费者越来越熟知，人们在消费的时候，如果希望买到质量较好而又没有假货，常常会选择专卖店购物。对这些消费者来说，专卖店售卖的产品虽然价格上昂贵了一些，但是正因为其物超所值，所以才受到人们的欢迎和追捧。

在这样的心理背景下，专卖商业模式迅速地风靡起来，在激烈的市场竞争中大行其道，形成了一道亮丽的风景，并逐渐成为“高、大、上”的代名词，这也是新时期人们品牌意识增强的结果，采买商品不仅要求它使用起来舒适，还要应当具有较高的知名度，这样购买产品的消费者才会在亲朋好友面前“有面子”。

除了人们的购买观念的变化，专卖商业模式的兴起还与特定的市场环境有关。随着国内市场渠道终端资源越来越稀缺的现实状况，越来越多的中国消费品企业开始选择专卖这一新形式的商业模式。这一模式对树立产品形象和品牌知名度方面有着巨大的促进作用，当然，企业的产品在选择这一商业模式之初就具有相当高的知名度，但是和专卖形式的结合，两者相得益彰，更加促进了企业品牌建设的步伐。

从这一点上看，选择专卖店商业模式需要具备以下三种资源中的任何一种，或者是三种特征均要具备，并不是说任何一个企业都可以实行这一模式来赢利，它需要受到诸多主客观因素的制约。

第一，企业产品的品牌度。一方面，选择专卖商业模式的企业基本上都具备很好的品牌形象基础，也就是企业的产品要么是久负盛名，在几十年或者上百年的发展历程中已经形成了自身独特的名气，被人们所熟知。另一方面就是新近兴起的名贵奢侈产品，质量好、信誉高，消费者常以拥有这样的产品为荣。具备了这两点，便可以在消费群体中形成口碑，从而使得消费者自愿主动地去消费，这些产品的市场认知度已经形成了成熟的特征。

第二，企业的结构或类型比较齐全。消费者既然认可了这一品牌，所以他们会将自身某一方面的购买欲望完全寄托在这个品牌产品身上，诸如身高、体重、消费习惯等多种利益诉求都希望能在这个品牌专卖店中得到解决。所以说企业要维系一个专卖店具有稳定的利润，其产品结构就应该比较合理，充分考虑到顾客的具体消费状态的差异和个人喜好，没有丰富的产品线而去选择专卖这一销售渠道，无疑是自砸招牌，会丧失掉消费者的信任和拥护。

第三，要充分考虑到消费者的行为习惯。专卖店大多出现在城市的市场，城市规模越大，各种各样的专卖店数量就会越多。这是因为不同地域和生活环境中的人们，其消费习惯和理念有着很大的差别。

例如在广大的农村市场，人们多以物美价廉为主要购买倾向，因而这种专卖模式应用于农村市场就很难起到推动市场销售的功能，这就是适销对路营销理念的具体体现。因此，专卖商业模式需要的是一个成熟的市场环境和消费人群，否则其效果就会适得其反。

另外从专卖的内涵和特征可以看出，专卖式商业模式与仓储式商业模式在营销法则上有着本质的区别，仓储式商业模式是以价格策略为核心的一种商业模式，以价格和低成本来占领市场。而专卖商业模式则恰恰相反，它是以形象与高端为其重要核心，走的是豪华和唯美路线。

在专卖商业模式的选择上，现今很多大品牌、信誉度高的企业都纷纷将目光瞄准到了这一领域，如五粮液提出的全国两千家专卖店计划，蒙牛乳业提出的蒙牛专卖店加盟计划等专卖宏伟蓝图屡见不鲜。

六、复合商业模式

复合这个词语往往带给人们一种比较复杂的认知感受，一方面人们的情感倾向于复合后的事物，因为意味着事物功能和特性在原有的基础上的进一步优化组合，一般而言，它所代表事物性质的发展方向是向上的正向流动，经过复合之后，不仅其综合能力得到很大的提高，而且适应性和竞争性也将会有显著的改善。

正如当今非常流行的复合型人才这一概念一样，这些人才兼具技术、管理和营销等多方面的专业知识，对于复杂多变的市场发展有更强的把握能力，放在合适的岗位上能够很快地独当一面，因而受到许多大公司的青睐。

但另一方面，复合也意味着有一种庞杂的含义在内，也就是说它并不是专一和精通的代名词，而是各种模式的集合体，博采了众家之长，适应范围广泛是它的优点，然而其优点也正是其缺点所在，没有专一就难以做到高精尖这一极致的要求，在关键时刻很难体现出自身的特色和与众不同的魅力所在。

正如商业模式一样，无论多么复杂的企业与多么复杂的市场，企业一般都有自身主流的商业模式，同时不管是专卖还是仓储，任何一种特定的主流商业模式都有自身的特色在内，体现了企业的战略方向。但是复合商业模式则是另外一种情形，它集合了各种商业模式的主要特色，反而使自身丢掉了所应具有的独特之处。一个企业如果缺乏主流的商业模式，那么在激烈的市场变幻中会很容易迷失奋斗的方向。

然而正像前面所讲，复合并非一无是处，它广泛的适应性和顽强的生命力正是许多企业选择它的重要原因所在，尤其是在现今这样一个开放式的市场竞争环境下，商业领域的生意竞争已非一城一池的得失，而是一种着眼全局的模式之争。其竞争内容和表现形式除了体现在产品和资本层面的比拼之外，更在于商业模式的升级换代。而商业模式的本质与内涵关键在于企业能够整合各种社会资源并从中创造出新价值，所以复合商业模式正是很多企业从其他商业模式的种类中提炼而成的一种综合类的营销模式，试图在复杂的市场环境下能够顽强地生存下去，因而这种复合模式具有其生存的土壤和空间，也为企业的发展和赢利带来了一定的贡献。

由此可以看出，国内市场环境的复杂性和竞争的激烈性催生了复合这一商业模式，它是基于企业发展阶段而做出的一种策略性选择，具有很强的现实性和灵活性，因此很多快速消费品企业在营销策略上毫不犹豫地选择了多重方式。

但是，这些需要采取复合商业模式的企业应特别注意的是，选择了复合并不意味着排斥了主流，其实在复合中坚持一条主流的商业模式才是最为正确的选择。如果企业以复合为借口，完全抹杀主流模式的存在，或者是将商业模式复杂化作为其企业营销政策朝令夕改的托辞，从而使得企业所倚重的营销系统在商业模式的选择上出现重大摇摆的情况，那么由此所引发的企业销售战略和方向也会无所适从。这时企业经营者所预期通过复合来达到良好营销效果的目的便会落空了，甚至还会出现南辕北辙的重大反差。对于这一点，人们必须慎之又慎，给予高度的重视。

同时企业经营者还应当清醒地认识到：一旦我们选择了一种商业模式，就需要在流程设计、人力资源配备、营销策略等方面做出相应的调整，否则，我们就不能认为这个企业已经建立起了一个成熟完善的商业模式，可以预见这个企业也将很难在市场竞争中得以立足。

第十章　慈善是最长远的商业模式

一、承担责任是最好的商业模式

人们在形容他人高尚的品德时经常会使用到“勇于担当”这个词语，这里面既有对这个人勇气的一种赞赏，也是对他承担相应的社会责任行为的肯定，敢于担当的人，无疑是最受大家所欢迎和喜爱的一类人，他的人生之路也会因此更加广阔和精彩。

同样，这样的道理也适用于一个企业或一家公司，作为一级经济实体，除了在商言商、追求必要的企业利润之外，还应当承担起一定的社会责任。也就是这家企业为社会的公益事业做了多大的贡献，付出了多少价值？

毋庸多言，一个有责任、有担当、有诚信的企业，才能赢得客户的理解和信任，也会在波涛汹涌的商海浪潮中走得更远，并且更为稳健。而那些不知道自己责任的所在，或者是出了问题不敢作敢当的企业，其声誉和业绩将会遭受重大的负面影响。

以美国曾经辉煌一时的安然公司为例。安然集团作为世界上最大的能源交易商，手中掌控着美国 20% 的电能和天然气交易数额，2000 年的总收入高达 1010 亿美元。从这些数据来看，安然在能源交易市场上绝对可以呼风唤雨，“老大”的位置很难有其他企业可以撼动。

可是2001年，这家公司突然爆出造假的丑闻，被媒体称之为“安然事件”。起因是公司持续多年的制度化、系统化的财务出现了大量的造假行为，而公司的危机公关能力又不能将企业从负面影响中及时摆脱出来，不敢去面对这些群情汹汹的非议和指责，从此“安然”就成为了欺诈的代名词，经济效益也一落千丈，这就是不能正确看待社会责任所引发的生存危机。

其实这样的例子不止安然一个，在我们国内也曾发生过类似的事例。有一个世界500强的公司想和内地一家能源企业开展战略合作。如果这家跨国大公司注入资金之后，无疑会使这家企业得到跨越式的发展，所以企业高层都非常重视这次意向中的谈判。

谈判最后进入实质阶段，双方在原则问题上也都达成了一致的认识和看法，成功已经只有一步之遥。这时对方负责谈判的领导突然开口询问这家能源公司的老总：“你们的生产流程里面有没有对环境造成污染的环节？如果有，你们又是怎么处理的呢？”

一句话将这家能源公司的老总问住了，其实作为能源企业，污染问题肯定会或多或少地存在。对方询问的目的就是想了解一下这家公司有没有重视企业社会责任的担当精神。重视了社会责任，双方才有进一步合作的可能；如果没有，那么就立刻转身走人。此时正确的做法就是承认并拿出切实可行的解决方案，但是这位老总却支支吾吾地不知道怎么去回答，这样让对方心中起了不小的疑问，认为双方的合作存在着不能坦诚相见的现象，最后关头的谈判也随之破裂了。

从这两个事例中我们可以看出，承担社会责任对于一个企业的发展进步来说至关重要，可以说，它是企业另一种形式的商业模式，虽然无形无质，但是所起到的作用却不可替代。

也正是看到了社会责任对企业发展的重要性，所以当今世界许多大公司都设置有两个CEO，分别负责道德和执行两大模块，这两者相得益彰，虽然在承担社会责任上有了一定的付出，但是收获的也非常多，因此这两大模块逐渐成为确保企业均衡发展的更有效的工具。

因而，作为企业的经营者，我们应当清醒地认识到，承担社会责任已经成为现在所有企业在发展过程中所不可或缺的一个重要选项。积极主动地去承担社会责任，可以使企业获得良好的名声，名声有了，信誉自然也随之而来，在这种情况下，企业将能获得更多的利润，那么就可以实现名利双收的局面了，毫无疑问这也是一种好的商业模式。

二、不图回报的付出

付出是为了什么？如果问人们这样一个问题，恐怕答案会有很多种。不过大多数人会毫不犹豫地回答：付出是为了回报。帮助别人也希望有一天能得到别人的帮助，形成一种利己利人的关系，或者说是为了图一份他人的感恩。

这样的想法本无可厚非，但是这种带有功利性的心态还不能完全诠释付出真正的意义所在。最高层次的付出只是为了心灵上的一种充实和满足，正所谓“赠人玫瑰，手留余香”，无怨无悔的付出并不求别人的任何回报。这种主观无意识的行为更能赢得别人的尊敬和好感，同时在客观上也起到了提升个人道德层次的作用。

正如一则感人故事中所讲的那样，一个贫穷的小男孩饥寒交迫，走投无路的时候被一名美丽的年轻女子所接纳，原本小男孩只是想讨一杯水喝，可是这名女子却给他端来了丰盛的食物。感动之余，小男孩询问女子这些食物需要付多少钱，女子笑着摇头说不需要报酬。

得到一顿饭资助的男孩又鼓起了生活的勇气，他在心里也牢牢记住了这名女子的深情厚谊。许多年后，这名男孩成为了一名优秀的医生，机缘巧合下，他得知他负责的一位重症病人正是当年那位帮助过他的女子。于是他毫不犹豫地下定决心要帮助这名女子，私下里他为她垫付了庞大的医疗费用，并利用自己的人脉资源，寻找最好的医生为她诊治。

当这名女子完全康复的时候，原本以为自己要承受一笔数额巨大的医疗费，可是她很快得知已经有人垫付过了，在费用清单的签名上，她看到了这样的一行字：感谢您曾经帮助过的一个男孩。

故事不长，但是恰如其分地说明了帮助别人所带给自身的心灵温暖。故事中的女子正因为在帮助这名男孩之初没有掺杂任何的功利目的，所以她才收获了最无私的爱的回报。

作为企业也是如此，当今很多企业经营者都非常注重承担相应的社会责任，积极主动地投身于社会慈善事业。当然在他们当中，绝大多数只是为了扶弱济困，进一步在全社会形成传递爱的正能量的和谐氛围。

显而易见的是，这些企业承担社会责任的行动会给他们带来良好的正面形象，而这些形象又是企业无形的资产，增强和提高了企业产品用户的认识和好感，每一次爱心的付出，都相当于是企业的一次免费的形象宣传，无疑对企业的长远发展打下了坚实的民众认同基础。

世界首富的比尔·盖茨，当他积累了令人难以相信的社会财富后，他并没有将其视如珍宝，而是慷慨主动地加入到了慈善的行列中去，设立了一系列的以公益性科学研究为目的基金不说，还多次捐出大笔金钱，资助处于弱者地位的人群。甚至还亲自立下遗嘱，有朝一日将自己的所有财富都馈赠给社会公益基金，他的这一行为甚至比他的财富更令其声名远播，他和他旗下的微软公司受到了世人最广泛的爱戴和尊敬。

一代电影大师邵逸夫也是这样类型的人，他一生致力于教育事业，国内由他出资建立的教学楼、图书馆不计其数，但他从不图回报，然而正是他的这种不图回报的超然心态，相反让莘莘学子记住了他的无私大爱。

这样的例子还有很多，这些企业家的行为完美地诠释了慈善最本质的内涵。他们并没有在商言商，也没有唯利是图、视财如命。从社会中收获财富，然后回馈社会，在这条爱的能量的传递链上，他们的人格以及他们的企业也以最为稳健的方式阔步而行。

三、帮助别人的新商业模式

商场如战场，时刻充满着浓重的硝烟气味。每一个企业经营者都希望自身企业的效益能够蒸蒸日上，而这一切的前提是始终处于行业的有利位置，在这样的心态指引下，企业的发展就具有了强烈的“排他性”，一个企业的生存壮大就意味着要无情地淘汰掉许多弱小的企业。

显而易见，竞争是残酷的，这也是传统行业环境下企业经营者的共同思维，可是在如今这样一个跨界和融合成为时代主题的市场经济条件下，有时候这种“排他性”的思维结构并不利于企业的发展壮大，联合、互助、共赢才是最好的出路。

生活中我们常常可以看到这样的现象，有些人喜欢热心助人，并从中收获简单唯美的快乐。例如举办一些读书沙龙，做一些书评，或者是收集一些城市旅游指南，以供别人能方便出行。这些行为都是最初始的助人为乐，人们从中得到充实和满足。

如果把这种帮助进一步延伸，将其上升为一种商业模式，那么它也会带给人们无限的惊喜。诸如许多公益性的网站，让网民从里面得到自己想要的东西，由于用户访问量的庞大，很多广告商和其他各类运营商会纷纷找上门来寻求商业合作，主动提出利润分成，他们的要求就是需要借助一下你的网站平台和其中超高的人气。想当初你的无心插柳却换来了一片“绿荫”，这就是帮助别人这一商业模式所带给人们的惊喜和收获。

从这个意义上说，联合、互助、共赢是一种新型的商业合作模式，能够在发展中实现利润均沾的目的。但是要达到联合、互助、共赢这样的一个状态，首先要求企业经营者具有宽广的心态和别具一格的跳跃式思维，从别人意识不到的渠道中发现新的商机。也就是需要企业经营者在关注自身发展的同时兼顾别人的发展，或者是借帮助别人的发展来成就自己，做到从完全利己到适度利他的思想转变，树立我能帮助谁这一更高层次的价值服务观点，这也是哲学中所讲的“借力使力”的道理，集合众人的长处，共同谋取行业的利润。

网络超级博客主罗斯就是把联合、互助、共赢这一新型商业模式理念运用到极致的人，当他成为一名人气超高的博客主之后，他就意识到了其中所蕴含的巨大商机。于是他对自身进行了一次科学的分析定位，认为自我的写作技能、监督和编辑、回复读者和其他博客的活动将会吸引到更多的博客读者。

而这些人数庞大的“粉丝”会让广告商们主动找上门来，所以他所能够提供的价值服务就是启发别人创造财富、帮助广告商定位潜在受众。这样做不仅帮助了别人，客观上也无形中帮助了自己，让个人的发展也因之受益无穷。

罗斯对这一新型的商业模式也津津乐道，称赞不已，正如他自己曾感言的那样："这是我一生中做过的最好的决定，我不仅因此成就了自己，把握住了未来，并且还帮助了很多需要帮助的人。"

这个案例告诉我们，联合、互助、共赢的商业模式，其最关键的地方是认识自己和知道自己做什么。因为个人的价值来自于被帮助者的回报，同理，企业的价值也来自于市场的回报，只有主动出击去帮助别人，才能在利他的基础上实现企业更为长远的发展和进步。

第十一章　用别人的故事看自己的商业模式

一、互联网商业模式

互联网商业模式主要是以互联网为平台，突破传统的商业模式，整合各种商业资源，进行全新的商业运作，创新性比较高，利润丰厚，同时所承担的风险也较大。互联网商业模式在中国是一种新型的商业模式，尤其是移动互联网，更是呈现出突飞猛进之势。

互联网商业模式是顺应时代发展的需要所产生的，但是找到一种良好方式去进行操作，却是非常不容易的。从目前来看，主流的互联网商业模式主要有以下几种：

1. 门户网站

门户网站，简单来说就是一个信息发布平台，将各种类型的数据资源、新闻资讯整合在自己的网站上，供网民点击阅览。这是门户网站最初的构成模式，但是随着市场经济的发展，门户网站不得不拓展自己的业务类型，开发新的模式来吸引互联网用户，所以现在的门户网站不仅仅提供新闻、娱乐资讯、网络论坛，还提供免费邮箱、网络论坛、博客、电子商务等服务。在我国，主要的门户网站有新浪、腾讯、网易、搜狐等。

2．电子商务

电子商务是指买卖双方在互联网上以电子交易的方式从事商业交易活动，将传统商业贸易网络化。与传统的商业活动相比，电子商务是在虚拟的互联网空间上运行，但是也同样要遵循市场经济中的基本价值规律。电子商务是一种新型的交易形式，是对传统商业流程的彻底变革，其发展速度之快、商业规模之大是人们所始料不及的，是最具有发展潜力的互联网商业模式。2012 年，中国最大的电子商务集团阿里巴巴旗下网站的总交易额就突破了 1 万亿元，相当于上一年度中国 GDP 总量的 2%，由此可见，电子商务已不再是我们所想象中的“虚拟经济”，而是一种新的经济增长点。

3．网络游戏

网络游戏在中国的发展并不顺利，一方面是由于政策的限制和舆论的偏见，一方面是受到传统的单机游戏的影响。但是，由于网络游戏产业在经济危机中经受住了冲击，所以异军突起地在中国兴盛起来。短短几年内，网络游戏在中国的产业规模已超过百亿，并逐渐形成了包括网络游戏提供商、电信运营商、渠道销售商在内的一个完整的产业链。目前，国内著名的盛大和网易就是以提供网络游戏服务为主。

4．即时通信

即时通信能够随时随地地发送和接收信息，功能强大，不仅是一个即时聊天工具，更是集娱乐、互动、分享、电子商务等功能于一身，大有取代传统通信方式的势头。最初的即时通信功能还是比较单一的，只能发送文字、图片，后来随着市场竞争的激烈，运营商们不得不使出浑身招数，研发各种功能，突破自身瓶颈，以吸引和留住用户。现在的即时通信工具不仅具有语音、视频功能，还加入了在线游戏、电子商务等功能，已经成了人们生活中不可或缺的联系方式。国内最大的即时通信工具莫过于腾讯 QQ 了，其目前活跃用户已超过 8 亿。

5. 搜索引擎

现代社会是一个信息爆炸的时代，互联网上的信息如洪水一般让人应接不暇。想要从庞杂的信息中找到自己所需要的内容，就必须借助搜索引擎。搜索引擎可以根据用户所提供的关键词，按照特定的规则从互联网上快速地搜索到相关内容，供用户参考，这样就节省了许多的时间和精力。搜索引擎本身只是一个搜索工具，用户使用它也不需要支付任何费用，但是搜索引擎可以把商家和其潜在的用户联系起来，通过在线营销和竞价排名的方式实现赢利。比如，国内最大的搜索引擎百度，就是通过推广的方式，帮助商家准确地定位目标用户来实现赢利。它所蕴含的不仅仅是巨大的商业潜能，更是一场营销革命。

互联网商业模式当然不仅限于以上几种，还包括网络招聘、网络银行、网络教育、无线增值等内容。当然，不管哪一种商业模式，只要能给用户提供更好的服务，能给企业带来赢利，就是一种好的模式。

二、亚马逊的商业模式

亚马逊是美国最大的电子商务公司，成立于 1995 年，起初只是一家网络书店，后来则扩展到了其他领域，成了世界上商品种类最多的网络零售商。2004 年亚马逊凭借收购中国的本土电子商务网站卓越网，进入了中国市场。亚马逊结合卓越网的市场经验，准确地定位用户，改善了用户体验，打造出了独特的商业发展模式，迅速提高了品牌的知名度，成为中国电子商务市场的领导者。

亚马逊最为注重的就是产品与服务，目前亚马逊在中国所提供的产品包括图书、家电、服饰鞋帽、运动休闲等32大类，数量有上千万种。同时，亚马逊还在不断扩大自己的产品种类，拓展自己的销售网络，使任何地区的顾客都能在网上买到自己想要的产品。在服务上，亚马逊拥有自己的物流中心、运营中心和客服中心，为客户提供全新、一流的服务体验。

在客户定位上，亚马逊的目标主要以19~30岁的年轻人为主。这个年龄段的人思想活跃，乐于接受新事物，而且购买力比较强。在亚马逊的主要客户中，高学历的人群所占的比例比较大，而且学生和白领居多。亚马逊通过提供方便快捷、价格低廉的网络购物，赢得了众多年轻人、上班族的青睐。

亚马逊在中国的发展战略以创新为主，注重速度，强调优惠、快捷，重视客户体验。

亚马逊所提供的服务并不局限于某一领域，从1995年运营网络书店，到1999年涉足电子产品、软件领域，到2004年开始销售美容用品，一直发展到今天，亚马逊总是随着时代的进步而不断发展、创新，为客户提供优质的服务，满足客户新的需求。

亚马逊注重速度，为客户提供快捷的检索服务，并且根据客户的浏览记录，提供个性化推荐服务，节省了很多时间。当然，亚马逊的速度也体现在送货上，其速度之快让客户为之叹服。

客户选择网购的很大一部分原因就是价格优惠、方便快捷，尤其是中国用户更是喜欢购物有折扣。亚马逊进入中国，也认识到了这一点，因此许多商品都有较高的折扣。以优惠的价格提升竞争力，重视客户的购物体验，始终是亚马逊的经营策略。

在营销策略上，亚马逊注重品牌意识，对品牌的宣传极为重视，不惜财力进行宣传推广，以吸引客户。亚马逊推行个性化、会员制营销，用户可以根据自己的爱好定制相关的信息，成为会员的话，可以享受更多的优惠服务。这些举措大幅度地提高了客户的忠诚度，丰富了客户的购物体验，使亚马逊的品牌知名度得到了提升，也赢得了更多的用户。

亚马逊凭借自己独特的商业模式，在中国获得了迅猛发展，营业销售额从最初的不到 1 亿元，增长到了现在的百亿以上，并且每年的增长率都在 3 位数以上。亚马逊的成功，既是因为它对客户体验的重视，也是源于它的品牌理念和营销策略。同时，我们也要看到，虽然亚马逊已经成为一家世界级的公司，但是它在中国的市场份额却远远不及淘宝和京东。所以说，我们做电子商务，既要借鉴亚马逊的全球商业模式，放眼未来，又要结合中国的市场行情，开拓出具有中国特色的电子商务模式。

三、易趣网的商业模式

易趣网 1999 年成立于上海，主要从事从消费者到消费者的服务，通过提供一个在线商务交易的平台，使卖方能在网上创业，拍卖自己的商品，买方可以通过竞价能在任何地方都能买到自己所需要的产品。

2002 年，易趣与美国电子商务公司 eBay 合作，推出了适合中国市场的电子商务模式，成为全国最大的在线电子交易平台。易趣不仅商品种类齐全、价格实惠，而且还推出了别具特色的海外代购服务，客户不用懂得外语，也不需要拥有外币账户，就能轻松买到海外的商品，这对消费者来说是非常具有吸引力的。

易趣的战略目标就是成为一个全球的市场，使中国的消费者能够购买到海外的产品，为消费者提供最佳的购物体验。易趣的主要目标客户就是那些热衷于网络购物和海外购物的上班族，还有那些希望能够通过在线交易赚钱的小微型企业。因此，易趣的收入来源渠道广泛，不仅来自网络商品的销售收入，还有广告费用和代购费。

易趣的核心竞争力就是它的代购服务，提供包括美国、加拿大等多个国家的商品。易趣代购的优势在于，一是客户不需要懂得外语，二是品质有保障，所有的服务包括售后都由易趣提供。易趣打造全球集市的目的就是希望中国的用户能够不出国门买到全球的商品。易趣代购不同于淘宝等其他网站的代购，它是通过自己专业的采购团队帮助消费者购买海外商品。易趣在美国拥有自己的物流中心，负责接收海外商家的产品，然后由易趣专业的采购团队进行检查和配货。如果产品出现问题，客户不用自己联系商家，而是由易趣负责退换货。另外，易趣的海外采购也与美国 eBay 网站的商品实现了无缝对接，客户可以通过浏览易趣的网站，看到美国 eBay 网站的全部商品信息，然后再通过易趣代购，非常的方便快捷。

易趣为了扩大资本规模，引入了美国最大的电子商务商 eBay 的融资，并购了国内一些竞标、求购网站和手机销售商，实现了更大规模的扩张，建立了自己的品牌和地区性市场，并且实现业务类型的多元化，通过建立全国的客户服务中心，来提高整体的服务水平。易趣的客户服务全天候监视网站的运营，回答客户的疑问，实行跟踪服务，经常组织活动与客户互动，增加了客户的忠诚度。同时，易趣实行免费会员制度，扩大了用户范围，提高了用户的活跃度，保证了网上的成交率。

易趣作为一家电子商务网站，并不排斥传统的零售业，反而与之结成了战略联盟，与国内连锁巨头和品牌代理商一起发展新的销售渠道和产品市场。传统经销商负责发货、售后等服务，而易趣则提供对应的交易平台，形成了全方位的电子商务布局。

在经营方面，易趣努力吸引大学生这一网络用户群体，与全国各高校展开合作，改善学生的上网条件，加大宣传力度，做校园巡回演讲，发展校园代表，提高大学生的参与热情，仅仅抓住了学校市场，拓展了商业渠道，同时也提高了易趣的知名度。在营销推广上，易趣也是不遗余力，联合影视明星进行义演、拍卖，进行慈善捐助，举办各种挑战赛，取得了公关上的成功。

最初，在行业界的眼中看来，易趣的发展道路似乎不太正规，但是易趣的最大优势就是始终在不断变化，顺应消费者的需求。当易趣逐渐壮大时，也没有排斥小微型企业，而是欣然地与之合作，实现双赢。

对易趣创办者来说，采用何种商业模式并不重要，最重要的是易趣能否满足客户的需求，把市场做好，让卖家满意，让买家放心。当单一的拍卖模式不能满足用户的需要时，易趣推出了定价销售。当定价销售和拍卖模式进入瓶颈时，易趣一口气推出了5种交易方式。易趣在慢慢走向成熟，也发展出了自己的独特性。这是易趣所走过的路，也为中国未来的电子商务发展提供了借鉴。

四、吉尼斯的商业模式

吉尼斯原本是英国的一家啤酒厂，1951年该公司的董事长比威尔爵士在射猎时，连发了几枪都没有打中从头顶上飞过的鸟，于是就产生了疑问，想知道世界上飞得最快的是什么鸟。可是他翻遍了百科全书也没有找到答案。最后，他决定以自己公司的名字编写一本书，专门收录世界之最，这就是后来的《吉尼斯世界纪录大全》。

《吉尼斯世界纪录大全》满足了人们的好奇心理，囊括了各方面的知识，所以一上市便成了畅销书，目前累计销售量已超过 1 亿册，本身也成就了一项世界之最，成了全世界最畅销的主题书。自 1955 年出版以来，吉尼斯一直在全球各地不断地收集逸闻趣事，记录各地的世界之最，然后出版新的版本。

但是吉尼斯不仅仅是出版图书这么简单，还有自己的品牌发展战略。近 60 年来，吉尼斯始终在不断组织各种创造世界纪录的竞赛，为创造纪录者提供服务，不收取任何费用，也没有任何奖励，但是许多人都把创造吉尼斯世界纪录当成了一种荣耀，吉尼斯也因此成了全世界最权威的纪录认证机构。每年吉尼斯收到的挑战申请达到了上万条。当然吉尼斯并不是完全的慈善机构，除了通过出版图书赢利外，吉尼斯所掌握的大量数据也可以成为其商业运作的工具。

在英国，吉尼斯还推出了一档真人秀节目，实时向观众转播挑战吉尼斯世界纪录的现场盛况，内容惊险刺激，吸引了全球近 10 亿观众。除此之外，吉尼斯还研发出了一些衍生产品，包括儿童玩具、识字卡片、产品商标等，销售业绩可谓是蒸蒸日上。但是吉尼斯却始终保持清醒的头脑，并不着急扩张市场。虽然吉尼斯的图书在中国盛名已久，但是直到接近 2013 年，吉尼斯才在中国设立了办公室。因为吉尼斯深刻地认识到，通过近 60 年的积淀，它所积累的公信力是根深蒂固的，凭借这种公信力所建立起来的商业模式也是独一无二的。即使有模仿者，也缺乏像吉尼斯这样的群众基础。

在全世界没有一个国家不喜欢“世界纪录”这个词，中央电视台的《吉尼斯中国之夜》在中国更是家喻户晓，老少皆宜。一些企业也因此看到了商业，把吉尼斯作为打开全球市场的跳板。如果一家企业想要宣传自己的产品，吉尼斯就可以设计一种挑战方案，吸引人们的注意，赢得全球观众的眼球。比如韩国的一家汽车公司，就因为生产出了低油耗的新型动力汽车，而获得了吉尼斯世界纪录，取得了良好的市场销售业绩。

吉尼斯所设计的方案不仅专业，而且可以量身定制，客户的来源也非常广泛。但是作为一家世界级的企业，吉尼斯并不是什么样的业务都接，也不会因客户的要求而降低自己的底线。比如，吉尼斯不会为一些烟酒类的企业做推广，并且也不是所有的挑战项目都会得到吉尼斯的认可。吉尼斯并不是一家广告公司，也不是依靠市场营销的推广来发展，它需要的是建立自己的品牌和信誉，单纯的商业运作只会毁了自己。吉尼斯拥有自己的商业模式，同时吉尼斯也在谨慎地避免过度的商业化。也许，这也就是吉尼斯能够存在长达半个多世纪的关键所在吧。相信未来它会走得更好。

五、百丽鞋业的商业模式

百丽原本是香港的一家鞋业公司，20 世纪 90 年代进入了中国内地市场，主要从事鞋类产品的生产和批发。百丽在中国内地稳定脚跟后，迅速地拓展市场渠道，向下游产业链发展，成了中国制鞋行业的领导者，并逐渐向高端方向发展。

改革开放之初，中国主要以发展劳动力密集型产业为主，如服装、玩具等，百丽便抓住这一时机，率先进入了中国内地市场。2004 年，百丽在中国内地的市场占有率占到了第一位，成为中国女鞋第一品牌，受到了耐克、阿迪达斯等全球投资商的青睐。

百丽的成功首先在于它重视本土市场，表面看上去百丽似乎默默无闻，名不见经传，但是它却始终在经营筹建自己的零售网络。目前，百丽所拥有的鞋业连锁店有 1 万多家，数量在全国第一。即使各大商场所销售的女鞋，也有一半左右是百丽的产品。有的企业广告满天飞，但是却不一定能取得良好的经济效益。21 世纪的商业战争，已不仅仅是价格和产品上的竞争，更多的是靠自己的商业模式。百丽深知这一点，所以它不在单一的产品上与同行竞争，而是首先建立自己具有竞争力的商业模式，打造一个完整的产业链条。

从产品设计到生产开发，从市场推广到批发零售，百丽都自己承担，从而最大限度地控制每一个环节，保证每个阶段都能赚足利润。这在倡导企业分工合作的今天，似乎显得有些格格不入。但是，这却是百丽持续发展的基石，使百丽的利润率远远高于同行业的平均水平，取得了大规模的经济效益。此外，百丽也拓展自己的销售业务，不仅自产自销，而且代理销售耐克、阿迪达斯、李宁、匡威等多种运动服饰品牌，提升了企业的赢利能力。

通过对自身渠道的控制，百丽鞋业的市场价值迅速提高，在国内的品牌影响力也迅速扩大。2007 年，中国皮鞋市场占有率前 10 名中就有一半是百丽的品牌。尤其是，百丽女鞋已经连续 12 年占据中国女鞋市场的首位。同时，百丽积极引入国外资本，增加自己的竞争优势，使其商业规模实现了快速扩张。虽然从全球的发展趋势来看，跨国公司始终占据主动地位，而且百丽的产品市场已经拓展到了美国、日本、欧洲、东南亚等地区，但是百丽并不盲目跟风，而是始终立足中国市场，深度挖掘中国市场的潜力，在本土市场寻找突破口，通过扩大在下游产业链的销售渠道来提高企业的赢利能力。这既是基于百丽对中国市场的深入了解，也是逐渐提高其在全球竞争力的一个较为明智的选择。

百丽在创建品牌之初，并没有急于发展更多的品牌，而是在占有了一定的市场，赢得了顾客的认可之后，才实施了多品牌战略。通过对自身品牌的研发，收购了多种产品模式之后，百丽拥有了20多种鞋业品牌。从高端到低端，从时尚到休闲，从款式到价格，百丽满足了不同人群的需要。

灵活多变的品牌策略，强有力的销售终端，使百丽不得不采取非常精细化的管理方式。百丽的组织结构虽然庞大，看似松散不一，但是管理却非常灵活。百丽对每个分公司的定价、人员招聘等都没有绝对的决定权，而是把权力下放，由当地的公司自主决策，自由决定，这样就调动了渠道销售商的积极性。他们可以进行合理的资源配置，结合当地的情况对经营做出调整，实现最大限度的赢利。

当然，百丽也并不是完全放任自流、不管不问，对于全国性的营销推广、品牌建设和未来的发展方向，还是需要由百丽来做决定。通过这种做大做全的经营方式，借助庞大的渠道销售终端，百丽牢牢把握住了市场，有了自己的定价权，形成了一种独特、稀缺的商业销售模式，实现了企业的持续赢利。

六、凡客诚品的商业模式

凡客诚品是一家主营服装、化妆品、家居等产品的互联网企业，该企业在2007年10月由成年创办，是亚太地区成长最快的企业之一，更是互联网电商界的翘楚。凡客诚品经营理念主要有两点，一是评价，一是时尚，通俗地说就是物美价廉。这似乎是每一个企业都在努力做的事情，而为什么它会做得如此成功呢？我们不妨来分析一下其商业模式。

第一，营销模式。营销的主体其实就是广告宣传，对于凡客诚品来说，这一点它们非常清楚。在刚开始运营的过程中，凡客诚品和大多企业一样，做了一些实体平面广告，但后来发现效果不是很明显，而且投入的费用太多。于是，凡客诚品在营销方面做了一次大胆的创新。

凡客诚品完全去掉了实体平面广告，将营销的重心放在了互联网上，比如创立网站联盟，进行自媒体营销，店铺代销，通过校园代理推广，等等。将所有的营销力量都放在了互联网上，也就是说凡客诚品依托互联网运营，营销模式也通过互联网去体现。这种营销模式的优势是营销效果强。因为一方面，大多数通过网络去采购的人都是一些喜欢上网、懂得上网、习惯网购的网民，如果你让一个不会上网的农村大妈去凡客诚品去购买衣服她肯定不会。所以说，这种营销模式针对性强，更加高效。另一方面，网络推广的费用要大大低于实体平面推广，这样便大大减少了企业开支，一定程度上能够缓解企业的资金问题。

第二，交易模式。这方面是凡客诚品商业模式的重中之重，由于网络是虚拟的，所以通过网络进行沟通交易的过程中，信任无顾虑是需要解决的最大问题，尤其在进行金钱交易的情况下，这一点尤为重要。

很多电商企业都在运用各种方法措施解决这方面的问题，力求让消费者无忧无虑地购买，但大多效果都不是很明显，为此，流失了很多消费者。那么，在这方面凡客诚品的模式又是如何的呢？

首先，凡客诚品推出了30天之内不满意免费退货的承诺。也就是说，如果你在凡客诚品购买了一件衣服，30天之内如果不满意，就可以免费退款给你。站在消费者的角度分析，如果我们要通过网络购买一件商品，通常会先看价格，如果价格比实体店便宜，且在自己接受的范围之内，我们就会对价格满意。这一点和很多网店一样，凡客诚品做得非常到位。接着我们会想，这个商品的质量如何，现在只能看到不能摸到，如果质量有问题该怎么办呢？为此，凡客诚品推出了30天之内不满意免费退货的承诺，消费者也就不用担心质量问题了。

但是，这样的承诺对于凡客诚品来说也具有很大的风险，如果产品质量不过关，发生大面积的退货怎么办？这种情况一旦发生对企业的打击是灾难性的，所以，要解决这个问题，必须严把产品质量关。关于产品质量，它们有自己的加工厂或者有制定的生产商，产品品质完全在自己的监控之中，从而降低了这一风险。

其次，凡客诚品推出了送货上门，货到付款的经营方式。解决了价格和产品质量问题后，消费者最为担心的就是被骗，万一钱支付了，见不到产品或者产品不合格怎么办呢？凡客诚品的这一模式便解决了客户的顾虑。因为你只有在看到货物并查看过之后才会支付给对方购物款。

凡客诚品通过以上两种交易模式，彻底解决了消费者的信任与顾虑问题，打造了一种既安全又经济方便的交易方式。既然凡客诚品对消费者想得如此周到，那么它的商业模式与其他同类企业有什么区别呢？

据相关数据显示，其他同类电商企业与凡客诚品在交易的成功率上有较大的差别，其他同类企业的交易成功率为20%，而凡客诚品的交易成功率为90%，其原因就是凡客诚品的商业模式能够让消费者没有任何风险地进行购买。也许有人会怀疑，目前在淘宝上购物的人是最多的，交易成功率怎么会没有凡客诚品高呢？

的确，在淘宝上购物的人确实很多，但是，淘宝平台由各种卖家组成，真假伪劣什么样的产品都有，由于商家众多，淘宝也无力去监管，所以，常常会发生消费者退货行为。尽管淘宝推出了7天退货承诺，但是很多时候退货是一个与卖家谈判的过程，而且有时候还需要消费者支付运费。

所以说，凡客诚品与其他电商相比是完全不同的商业模式，且这种商业模式具有很大的优势和竞争力。

七、麦当劳的商业模式

麦当劳是全球最大的快餐连锁公司，在全球110多个国家拥有超过3万家分店，员工人数接近42万，可以说是当今快餐行业中名副其实的霸主。麦当劳的成功不仅在于它的产品具有核心的竞争力，更在于它的市场营销战略独特，扩大了企业的知名度，迅速占领了全球市场。尤其是它的特许经营模式，更是连锁餐饮界的一个神话。

产品是企业的立足之本。现在的人们，已经不再像过去那样，只是单纯地要求温饱，而开始更多地注重生活质量，食品的营养价值和搭配成为消费者更加青睐的选择。麦当劳从一开始就以提供优质的产品、周到的服务作为自己的根本，对菜谱的开发和材料的选择极为重视。从土豆的供应到肉类、蔬菜的选择与加工，麦当劳都有自己固定的全球供应商，以保证风味的独特与唯一。在物流配送上，麦当劳拥有自己的实体分配公司，负责全球的物流工作。

在产品推广上，麦当劳创立了别具特色的广告体系，成立了联合广告基金会，从各个分店中收取资金，用于在全球的广告运作。但麦当劳的广告内容并不要求全球统一，而是根据各个地区不同的特色，采取不同的广告创意。即使是同一种产品，在不同的地区也可以采取不同的广告形式。在创意内容上，麦当劳提倡健康、时尚、有活力，能够迎合大众的消费理念，引领时代潮流。

在市场定位上，麦当劳会根据不同的地域、不同的人群、不同的职业等因素进行产品推广。比如，在美国市场，麦当劳就以提供西方饮食为主；在中国，就要根据一定的东方特色做出调整。针对年轻人，麦当劳要求方便、快捷；针对老年人，则以经济实惠为主。通过这样的营销策略，麦当劳满足了各种人群多方面的需要，使市场范围得到了拓展。

我们走进任何一家麦当劳餐厅，都会发现餐厅内部的装饰、食品的种类、服务员的工作服饰等方式都会有着惊人的相似。这一切，都要归功于麦当劳的特许经营制度。

特许经营一般包括三种形式：生产特许、产品商标特许、经营模式特许。麦当劳的模式就属于经营模式特许。麦当劳在全世界的 3 万多家分店都是其特许经营组织。每一家分店筹备开张之前，麦当劳都要派遣工作人员亲自选择地址，监督门店的建筑与内部装饰。受许可人须与麦当劳签订为期 20 年的特许合同，并交纳一定的许可费。麦当劳负责门店员工的培训、市场宣传等内容。

借助特许经营的模式，麦当劳既降低了成本，赢得了利润，又减少了风险，实现了大规模、低成本的扩张。而对于加盟商来说，在竞争日益激烈的市场环境中，傍上了麦当劳这棵大树，无疑是挂上了金字招牌，增加了自己的竞争力。当然，这不等于说企业从此就可以高枕无忧了。来自金融危机的冲击和同行业竞争的压力，使麦当劳的特许经营也受到了威胁。只有准确地进行市场定位，不断地关注市场的变化并及时做出调整，才能够始终走在市场的前列。

麦当劳鲜为人知的一点是，它卖的不只是甚至不是汉堡包，而是房地产！在美国，麦当劳一般都是自己建造店铺，或者把店面长期租下来，然后再转租给加盟者，收取高额的费用。通过这种房地产商业运作产生的收入，就占了麦当劳在美国营业额的90%。麦当劳的前总裁就曾说："麦当劳卖的不是汉堡包，而是房地产。"但是由于中国的相关法律法规和特殊的房地产经营环境，麦当劳的这种经营模式并不适合中国。所以，想要赢得中国市场，抓住中国消费者的心，就必须谨慎地选择适合中国国情的模式，而不是盲目地借鉴。

八、星巴克的商业模式

星巴克作为一家咖啡馆，今天能够做得如此成功，分店遍布全球，不得不使每一个商人感到佩服。那么，它的商业模式又是怎样的呢？

咖啡是我们非常熟悉的一种饮品，它起源于10世纪的埃塞俄比亚，后来被带到了中东，在16世纪的时候被带入了意大利，17世纪传到英国、荷兰等西欧国家。可见，咖啡是一个历史悠久的饮品，几乎等同于人们每天的一日三餐。然而，看似一个很平常的东西，霍华德·舒尔茨却通过它成为了亿万富翁。

不错，星巴克就是霍华德·舒尔茨先生在1985年成立的，今天在全球已经有13000家左右的分店，几乎遍布全球的每一个城市。这样知名的一个企业，首先我们来分析星巴克这个品牌。

通常，一个企业要让品牌响亮，必然会做大量的广告宣传，比如在各大媒体上轮番持续的轰炸，但是，星巴克却没有花一分钱做过广告，它的品牌推广宣传与其运营模式有关。

首先，星巴克的店面基本都设置在城市最繁华的路段，房租虽然相对会很贵，但是却能够起到很好的宣传作用，星巴克的标志可以让更多的人看到，久而久之，自然会树立品牌效应。当然，这一点也是很多企业都在做的，比如麦当劳、肯德基采用的都是这种方式。

其次，店面全球快速扩张。前面提到过，星巴克在全球有13000家左右的分店，从1985年到今天，这足以说明星巴克全球化扩张的速度是相当快的，据相关数据统计，在日本有段时间，每5~6天就会开一家新店，在中国，它每年的增长率为30%~50%。正是因为这样的扩张速度及经营模式，使得星巴克快速成为了一个全球化的品牌。这是因为人口总是在全球范围内流动的，尤其是一些高端商务人士，他们经常会从这个国家飞到另一个国家，而他们也是咖啡的主要消费人群。为此，星巴克的品牌全球化了，生意自然会越来越好，市场竞争力也会越来越强。

最后，星巴克的上市也对其商业模式给予了积极的作用。星巴克是在1992年上市的，很多人开始购买星巴克的股票，一方面星巴克可以得到更多的运转资金，而对于星巴克来说，更重要的另一方面，通过上市，星巴克的知名度会有空前的提升。越来越多的公众知道了星巴克咖啡，于是产生了都想去尝一尝的心理，而且随着股价一天天的上涨，星巴克的知名度会越来越大，生意自然也会越来越好。

有些人认为，如果一家企业不缺钱就没有必要上市，其实不然，像星巴克一样，它的上市可以推动其商业模式的良好运行。这就如同中国的酒店市场，很多开酒店的企业每天都在盘算着如何提升入住量，如何通过附加服务提升酒店效益，而一些不起眼的酒店却在中国大地遍地开花，比如速8、如家等连锁酒店，占据了极大的市场，其中有些酒店已经在美国上市，比如如家连锁酒店。这些酒店的商业模式和星巴克在某些方面是一致的。

星巴克有一个非常独特的经营理念，叫作“第三空间”，意思是说消费者除了家和公司之外，星巴克就是他们的第三空间。这个理念极其符合当代人的生活习惯，尤其是在工作生活节奏极度加快的今天，人们需要这样一个空间来减轻工作生活带来的压力。

星巴克的“第三空间”既满足了人们的需求，又让咖啡店变得很是浪漫。这一点在店铺设计上就可以体现出来。星巴克在设计每一个店铺的时候，从桌子的选购摆放，咖啡器具的选择，墙面的图案设计一直到每一个座位的光线明暗程度，都经过了认真的思考和精心的设计。甚至在星巴克，有专门的设计和研究部门，主要职责就是研究店铺的设计装饰，通过各个国家的生活习惯风俗，力求设计出属于消费者的“第三空间”。

除此之外，星巴克还会举办一些关于咖啡的文化活动，在运输、服务等方面不断创新。其实，星巴克的经营方式及理念就是它的商业模式，因为通过这些理念和方式极大地提升了星巴克的收益。

九、沃尔玛的商业模式

沃尔玛公司成立于1962年，创始人山姆·沃尔顿是美国零售行业的传奇人物。现在，沃尔玛是全球最大的公司，也是世界上拥有最多雇员的企业，多年在美国《财富》杂志500强企业中居于首位。

沃尔玛所从事的行业是传统的零售业，经营理念是：为顾客节省每一分钱，向顾客提供最物美价廉的商品。这个理念也投射着沃尔玛成功的商业模式，从表面看，沃尔玛的交易形式与其他零售商相比没有什么特别之处，但是在多年的不断创新中，沃尔玛的商业模式从内在发生了质的变化。

沃尔玛给我们最大的印象好像是天天低价，沃尔玛的商品很便宜，这是沃尔玛商业模式的核心，可是，沃尔玛为什么能够天天低价销售呢，它的利润是怎么获得的呢?

第一，沃尔玛在经营中处处体现节俭的精神，因为这样可以最大限度地降低经营成本，给予客户最大的优惠。比如商场中没有开会的办公室，仓库就是办公室，经理人经常站着和员工开会，所有的文件纸都会用两面，等等。

第二，与供应商深度高效的合作。沃尔玛在物流配送及库存控制方面具有很大的优势，这得益于它与供应商的紧密合作。沃尔玛通过与供应商电子信息的共享，使得供应商能够快速满足沃尔玛的需求，同时，沃尔玛也能够快速满足客户的需求。比如沃尔玛在全球有几十个分销中心，所有的货物都需要通过分销中心配发到每一个分店，显然，这是一个庞大的工程。然而，沃尔玛从下订单到货物上架却只需要 48 小时。

第三，客户忠诚度培养。沃尔玛主要通过两种方式培养了自己的忠诚客户，一方面是通过对客户信息及消费倾向的交流与研究，提供客户需要的低价产品及需求。另一方面是通过其“山姆会员店”锁定大量的忠诚客户。这两个措施使得一些客户从零散的购买变成了采购。

第四，沃尔玛电子信息的建设与运用。比如沃尔玛运用全球卫星定位系统让销售成本比同行业低 3% 之多，成本降低了，商品价格就可以降低，购买的人也就越来越多，同时沃尔玛的采购量也就越来越多，采购价格也就越来越便宜，这样便形成了一个具有优势的良性循环。

以上四个方面是沃尔玛商业模式的主要特点，也是沃尔玛能够力压群雄的主要原因。这里我们不妨举一个活生生的例子——亚细亚百货。和沃尔玛一样，亚细亚也是做百货行业的，20 世纪 80 年代在中国被人们认为是最有前途的一个企业，几乎全国人民都知道郑州有一个亚细亚，很多人去郑州旅游，都要站在亚细亚门口拍照留念。可是，为什么后来它会破产倒闭呢？

原因就是它与沃尔玛的几大特点正好相反，尤其是缺乏节俭意识，加之缺乏创新，使得运营成本不断增加，随之商品价格就会越来越高，客户自然会越来越少，企业不关门也说不过去。据民间传说，曾经亚细亚的某领导如果要去广东吃海参，基本上都是早上坐飞机，吃完饭下午坐飞机再回来。当然，这只是一种民间说法，无处考证，但是却充分说明了亚细亚失败的最大因素。

商业自身不会创造价值，所有关于商业的一切运营所花掉的费用，最终都会落到消费者身上，尤其作为百货零售商，大多数消费者都会精打细算地去选择，因此，在商业运作中节省一分钱，就是为消费者节省了一分钱。消费者会因此而选择你们。

沃尔玛的商业模式很简单，很多零售商都可以复制，但是却很难模仿，因为沃尔玛的商业模式是不断创新变化调整的，会随着时代的发展、社会经济状态的不同整合出新的元素，这一点是很多企业都难以做到的。

十、戴尔的商业模式

众所周知，戴尔公司所采用的销售方式是直销，也是因为这一销售方式而决定了戴尔的商业模式。让戴尔公司的商业模式成为世界上最成功的商业模式之一。

纵观戴尔及计算机的发展，戴尔商业模式的成功是因为其抓住了绝佳的商业时机。计算机在人类的发展中起源较晚，最早出现是在第二次世界大战之后，那时候的电脑是专用的，没有家庭个人电脑。1997年，苹果公司推出了第一款个人电脑；1981年，IBM也推出了自己的第一代电脑，由于IBM制造电脑的时间久，经济、技术实力雄厚，它的介入让电脑真正走入了人们的生活。

当时，IBM根据常规经营管理思路，它的商业模式是这样的：自己研发、制造、生产产品，然后一部分产品由自己的销售团队销售给一些大客户。这其实也是一种直销模式，不过这种方式在IBM公司整个销售中只占很少的一部分。大多数是通过零售店的方式销售给终端用户，也就是说他们的产品要通过经销商这一环节产品才能最终抵达到用户手中。

这一模式有一个很大的弊端，那就是成本太高。首先，公司的回款周期太长，从电脑制造生产到从经销商那里拿到货款，需要很长的一段时间。其次，风险高。由于电脑技术飞速的发展，产品库存时间越长，折价报损的可能性就会越大，成本就会越高。再次，由于要给经销商分配一部分利润，导致产品价格高，企业利润低。

在这种情况，戴尔电脑的机会出现了，20世纪80年代初，戴尔进入了电脑界，成立公司制造电脑。其实，他们公司的技术和其他公司相比并不占优势，但是戴尔发现了一个绝好的商业模式，那就是直销。当时他发现不管是IBM公司还是康柏克公司，他们在经营的过程中都有一个最大的弊端，就是周转资金慢，电脑库存太久，经营成本高。于是，戴尔对这种模式进行了创新，从客户那里先拿到订单，消费者支付一定的费用后，戴尔公司根据客户的要求购买相关配件进行组装，将电脑送到客户家中。这种方式减少了配件生产环节，不需要车间生产设备来生产配件，不需要在研发上投入过多的资金，也不需要库房来存放产品，更减少了经销商中间所要获得的利润，更为重要的是公司资金周转速度迅速。这样一来，公司运营成本减少了很多，产品性价比高，非常具有市场竞争力。

戴尔的直销模式解决了其他电脑公司商业模式中最让人头疼的问题，在这种模式下，戴尔开始轻装上阵，快速发展。在产品价格中也占有很大的优势、同样配置的一款电脑产品，即使戴尔销售的价格要比其他电脑公司低，戴尔赚取的利润也要比其他电脑公司高，在最恶劣的竞争环境下，就算其他公司赔钱赚吆喝，戴尔公司也会处于赢利状态，这便是戴尔公司商业模式的优势。

任何一个企业的发展，技术与成本是其两大核心，要么你具有技术优势，要么你具有成本优势，显然，戴尔公司的商业模式充分体现了其成本优势。也是基于这种成本优势，戴尔电脑从 1985 年开始创建，年底销售额就达到了 7000 万美元，1990 年达到了 5 亿美元，到 1999 年，戴尔电脑公司成为美国最大的电脑公司。

对于客户来说，除了以上各个方面的优势外，售后也是戴尔的一大优势。当产品出现问题后，客户可以直接与制造商进行沟通，避免了与零售商沟通，零售商再与厂家沟通这样漫长的周期，能够快速解决消费者的售后问题。

在库存方面，有这样一个数据，20 世纪 90 年代中期，戴尔的库存时间是平均 6～13 天，竞争对手的库存时间是平均 75～100 天，显然，在速度效率就是金钱的时代，尤其是对于电脑这种技术发展革新速度飞快的产品，这一点戴尔占有极大的优势。戴尔电脑公司副总裁凯文·罗林斯曾经感叹说：“我们所做的产品，就像卖菜的农夫，搞不好东西就会烂在手里。”他的意思无疑是在暗示速度与库存对电脑公司的重要性。

当然，并不是所有产品都适合采用戴尔公司的商业模式，比如服装、汽车、食物等商品，消费者一般会先看外观，试过之后才会购买，所以，二级甚至三级经销商依然是有必要存在的。在选择商业模式时，我们要根据自己的产品而定，不可盲目地模仿。

十一、百度的商业模式

第一次接触百度是年轻的时候利用百度搜索歌曲，然后下载到 MP3 里面去听，当时感觉这个网站太好了，不用花钱就可以下载到自己喜欢的歌曲，省去了很多买磁带、CD 的钱。当时不懂何为商业模式，只明白用户得到了实惠，现在看来，MP3 是百度的一项业务，是其商业模式的一种元素，而且通过这种业务，百度获得了利益。

事实上，百度除了 MP3 这个业务之外，还有很多的业务，比如搜索服务、贴吧、新闻、图片、百度空间、行业信息报告等。这些业务都是百度商业模式中的一个个小元素，其运营理念是以用户为导向，不断满足用户的需求，只有用户的需求满足了，他们的需求才能得到满足。

某年春晚一个相声中的一句话“不知道，上百度啊!”让百度更加火了，用户也有了很大的提升。其实，百度的用户有两大类，一类是普通用户，一类是商业用户。普通用户指的是一些通过网络浏览信息的网民，其目的是查阅相关资料信息，学习知识，需购买某种商品，事先查阅了解进行比较等，这类用户在百度目标用户中占相当大的比例，也是百度的主要用户。商业用户指的是一些能够提供信息、产品的机构，比如大多数使用百度竞价排名的企业，为采购的企业或个人提供产品信息，满足普通用户的需求，或者一些采购企业查阅供应商及相关生产资料等，这些用户的要求百度都可以满足。

百度的赢利模式有以下几种：

第一，竞价排名。所谓竞价排名，是指企业在购买了百度的这项服务之后，注册相关的关键词，网民或者企业潜在用户在百度上搜索到该关键词之后，你所注册的相关关键词的网站或者产品就会率先出现在搜索结果中，这时如果网民点开企业的网站或者相关产品，企业就需要向百度支付一次的费用，当然，为了防止恶意点击，百度公司按照 IP 收费。这便是竞价排名的赢利模式，这种方式能够为百度每天带来一千多万人民币。

下面我们看看百度对竞价排名的收费是如何规定的：

1. 百度搜索竞价排名是按照客户网站实际被点击量计费的，即当网民利用企业注册的关键字搜索到该企业网站，并点击之后才开始扣费。如果用户选择的是自动竞价，当企业用户的信息不是排在最后一名时，每次的点击费用取决于关键词的质量以及后一名的竞价价格；当企业用户的排名是最后一名时，每次的点击费用为关键词的起价。如果用户选择的是手动竞价，那么每次点击的费用是用户自己设定的价格。

2. 假如百度对每次点击的收费是 0.3 元，有多个客户同时竞买一个关键字，那么搜索结果的排列是按照客户竞价的高低来显示的。百度对每个用户所要设置的关键字数量没有限制。

3. 竞价排名计费系统会每 15 分钟进行一次统计结算，扣除相关费用，客户可以通过登录自己的竞价管理系统进行查阅。

4. 客户的最低续费金额为 500 元，也就是说当客户的预付金用完之后，最少一次续费 500 元。

可见，百度的竞价排名为其带来的利益是巨大的，不管是白天还是黑夜，一直在源源不断地为百度带来财富。

第二，火爆地带。所谓百度火爆地带，是百度推出的一种针对特定关键词的推广方式，出现在百度搜索首页的右侧，通常按照时间段固定收费，不过不同的位置价格有所不同。对于企业来说，当企业购买了火爆地带关键词后，用户在搜索的过程中便会出现在首页右侧，从而为企业带来商业机会。火爆地带所显示的内容通常有网页标题、客户网站地址，如果文字中包含所绑定的关键词，显示时则为红色。

第三，图片推广。图片推广是针对图片关键词的一种网络推广方式，在百度图片板块中显示。收费方式也是按照时间段固定收费，且不同词汇价格不同。

第四，品牌专区。这是百度为著名品牌打造的一个信息发布推广平台，网民在搜索相关产品时，相关产品的品牌便会出现在搜索首页的右上方。比如你搜索汽车，各大汽车品牌便会显示出来。

第五，网络广告。广告是任何一家网络公司收入的主要来源，百度将网络广告分为精准广告、全流量广告、整合广告三个部分，一方面更加适合客户需求，一方面提升了经济效益。

以上是百度公司的主要赢利模式，当然，随着百度公司的发展，还会开发出更多有效持续的赢利模式，从目前百度一下的发展规模来看，它有这个实力。

总体来看，百度模式呈现出两个三角合在一起的锥形结构，一端是搜索引擎技术，致力于如何搜得快，搜得准确；另一端是文化，理解中文，研究我国网民的搜索行为，满足网民需求；中间是百度的产品，也就是收入来源。

十二、腾讯的商业模式

腾讯是广大网民非常熟悉的一家网络公司，其中它的 QQ 产品有非常大的用户群。所以说，它是我国用户最多的互联网企业之一，同时也是我国最大的互联网综合服务商之一。腾讯公司 1998 年 11 月成立，2004 年6 月 16 日在香港联交所主板公开上市。显然，腾讯公司是中国乃至世界互联网最成功的互联网公司之一，它的商业模式必然有其独特之处。

我们来看看它基本的业务范围及赢利模式，先从它的即时通产品 QQ 入手，它是腾讯公司的核心产品，也是非常重要的利润基点。当前，QQ 即时通讯软件为腾讯公司积累的庞大的用户群体，它的黏性也比较高，之所以它会如此大成功，主要体现在 5 个方面。

第一，腾讯公司在开发该即时通软件时，互联网大多数企业将注意力放在了当时的雅虎模式，很多企业都想模仿研究雅虎的成功来实现自己的价值，在这种互联网状态下，腾讯公司开发的 QQ 软件正好避免了行业竞争。

第二，从 QQ 的功能来看，它本身就具有很强的用户黏度，功能强大，满足了当时社会状态下年轻人的需求。对于腾讯公司来说，有利于收集用户行为分析，从而发现更多的利润点。

第三，QQ 的商业推广是从大学校园开始的，腾讯公司之所以这样做，是因为 QQ 产品当时的定位就是一些会使用网络的年轻人，此外，大学生口碑相传的网络效应非常明显，有利于 QQ 在短期内聚集相当数量的用户群。

第四，与大多数网络产品相比，QQ 的开发特点是投入低，运营成本低，但回报率高，而且效果明显。这样，在资金有限的情况下，腾讯公司也能够得到快速的发展，开发出一系列延伸产品。

第五，赢利点明确。腾讯公司在开发 QQ 时，明确地将赢利点定在了广告收入上，因此，QQ 对用户的使用并没有过于苛刻的要求。试想一下，如果当时用户使用 QQ 就像使用手机一样需要支付费用的话，那么这个产品一定不会火起来。

以上 5 个方面是 QQ 的最大优势，也是其成功商业模式的核心元素。目前，QQ 通过不断地升级与更新，功能已经越来越多，比如聊天表情、资料视频分享传送、截图等，在不断满足着用户的需求，同时企业获得的利润点也越来越多。在手机 QQ 软件开发运用之后，成功地将移动通信和网络进行整合。

随着 QQ 用户的不断增多，人们开始频繁使用这款社交软件，因为别人在用，你没有，你就少了一个和他人沟通的方式，这种带动效应是非常强大的。甚至有些公司还利用 QQ 进行办公，比如利用 QQ 传送文件，简单的事情不用电话直接用 QQ 沟通。在这样一个用户庞大的虚拟世界，有些人必然会有一种享受特权的心理。就像在现实生活中，有些人有钱了就喜欢买豪车，普通车不能开吗？当然能，因为他们要体现自己的与众不同，展示自己与他人的不一样，这是一种很正常的心理需求。此外，由于特殊原因，他们需要更多的功能，比如 QQ 好友的人数是有上限的，但有些企业或者业务人员需要把更多的客户或者同事加入到一个 QQ 中，需要扩充 QQ 好友数量上限。

为此，腾讯公司开发了一系列的社区服务，比如 QQ 会员、QQ 空间、QQ 游戏、QQ 音乐等，通过这些既满足了有些用户的需求，又增加了企业收入，使得腾讯公司的效益一直在持续增长。比如 QQ 会员每月支付 10 元费用，就可以享受到更多的特权，QQ 空间通过购买装扮道具收取用户费用，QQ 音乐通过唱片公司推广音乐获得利润等。

我们着重探讨一下 QQ 游戏，可能很多人认为当前很多网络小游戏都是免费的，心理纳闷这些游戏开发公司是如何赚钱的呢？拿 QQ 游戏来说，通常我们去玩是不收费的，但是我们在支付一定的费用之后，就可以享受一些特权，比如参加各种比赛，和一些特定的人去玩等，这对一些游戏迷来说是具有一定诱惑力的，因为这样可以增加游戏的乐趣。最为重要的是，腾讯依托 QQ 的强大用户和黏性，他们在做任何一款与网络有关的产品时，基本上都是稳赚不赔。

当然，腾讯公司的主营业务在 QQ 庞大用户的影响下，发展稳定，一直快速增长。因为他的广告投放入口及展示形式较多，比如 QQ 客户端，门户网站，搜索引擎，游戏视频内置等。

目前，腾讯公司的发展已走向多元化，不仅仅局限于即时通讯这一个方面，企业实时通讯和娱乐资讯也是他们发展的重要方向。

十三、阿里加商务的商业模式

阿里加商务平台“SoLoMo”商业模式将是无效广告的终结者。

我根据 2014 年电商行业“关系型营销、社会化服务、精细化管理、O2O 模式、C2B 模式、移动电商、电商金融、本地生活服务、智能硬件兴起”等新趋势，以及李克强总理于 2014 两会部署“推动重要领域改革取得新突破，开创高水平对外开放新局面，增强内需拉动经济的主引擎作用，推进以人为核心的新型城镇化、以创新支撑和引领经济结构优化升级，加强教育、卫生、文化等社会建设，把消费作为扩大内需的主要着力点，鼓励电子商务创新发展，维护网络安全”的指导思想，投入 5000 万招揽阿里巴巴、腾讯、百度等高端人才，结合银联、工商、公安、移动公司优点研究出一套臻于完美的O2O解决方案，阿里加商务平台的核心是解决业务员与商家兑现提成的诚信问题。

每一件商品，商家都是先预存了业务费，只要订单成功结束，平台的业务员可以方便快速地获得商家给出的业务提成；并且为商家建立一个自主发布广告的平台，商家可自主设定广告发布地址（全世界范围内被浏览后付费0.1元/条），消费者通过微信公众平台阿里加商务服务号在3公里范围内可搜索到商家设定的广告，浏览10秒后获0.05元/条。

阿里加商务平台通过整合各种社会资源，建立现代化的信息平台、建立社区服务网络，成功实现了现代化信息技术与全社会人民零距离的接触和互动；同时，使中小微企业融入及整合产业价值链，通过产业组织创新实现升级，通过龙头企业牵头组建行业集团，协助上中下游产品的供应和市场信息共享等合作方式，降低企业的运营成本和增加企业的交易金额，实现中小企业通过科技创新、抱团转型、联动升级。阿里加商务平台“SoLoMo”商业模式（Social社交+Local本地化+Mobile移动）使传统的商业流变成可以数字化的信息流、现金流，将线上和线下的障碍彻底打通，使消费者与商家形成一种互助、互求、互需的关系，真正实现了资源整合，并具有自身造血、持续经营的能力。

让商家的商品不销而销，让消费者轻松实现财富倍增。

阿里加商务平台为商家提供334个地级市及2862个区县分销渠道，1759个行业的商品选择，将近10亿个顾客及客户，一个O2O闭环管理系统+SoLoMo商业模式：货源采购（一键克隆、无须存货）、广告发布（LBS基站定位、自动推送）、业务推广（关系型营销、开放式服务）、财务结算（本金自理、预存支付）、售后服务（即时互动、数据分析）；为消费者创造简单、方便、高效、安全的生活方式（创业理财、消费折扣、消费抽奖、推荐获利、看广告赚钱、社区交友、生物支付等）。

阿里加商务平台立足线下、服务线下，联通线上、支撑线上，通过即时通讯营销（微信、QQ 等）、移动微商城、红包兑换商城、LBS 基站定位广告、移动支付系统、银联支付系统（银行联名卡、银行预付卡）、自动分账系统、会员管理系统、业务管理系统、OA 办公软件、财务管理软件、二维码识别软件、指纹识别软件、触屏广告终端、物联网商务等服务，让商家的商品不销而销，让消费者轻松实现财富倍增。

同时，为每个城市创造 10 万个以上的就业岗位，促成消费的金额将达 13.3 亿元/年，创造收益将近 3000 万元/年（市级运营商约获收益 300 万元/年）。

显然，阿里加商务的商业模式具有一定的创新性，迎合了当前电子商务发展的趋势及状态，具有广阔的前景。

十四、阿里巴巴的商业模式

阿里巴巴集团是当下在中国电子商务做得最大的一家企业，在中国，相信有 80% 以上的人都使用过阿里巴巴的产品，比如淘宝、天猫等。据相关数据显示，阿里巴巴的收入一直在翻滚式地增长，而且从目前的发展状态来看，阿里巴巴似乎还没有用出全力。事实证明，阿里巴巴的商业模式是非常成功的。

简单地说，阿里巴巴的商业模式是一种由浅入深的过程，首先建立最基础的项目，为企业建立了一个站点；然后在这些最基础的项目中不断寻找衍生出的新的利润点，进行网站推广、产品推广、广告宣传、咨询信息服务等，不断延伸，从而使得阿里巴巴的利润不断扩大增长，使得阿里巴巴成为了可持续、可扩展的商业赢利模式。

首先，我们来分析企业架设站点，对于企业来说，它要建立一个自己的网站很容易，但是要让这个网站发挥出很好的效果就比较难。作为为企业制作网站的商务公司来说，找到一两个客户为他们设计制作一个网站也不是难事，但是，他们的利润只能来自于一些制作费、企业网站托管费等，利润有限，且这些客户往往比较松散，难以让企业有一个良性的发展循环。

而阿里巴巴的运营模式彻底解决了企业与传统网络公司的不足，阿里巴巴是一个庞大的商业社区网站，它可以将所有企业有效集中起来，让供应商和采购商非常容易地进行零距离接触和沟通，作为企业，利用阿里巴巴这个平台既让企业得到了有效宣传，又使业绩得到了提升。作为消费者，还可以在这个平台上轻松购买到物美价廉的物品，所以，阿里巴巴是一个对商业各方都有利的平台。

有了这样一个平台，阿里巴巴获得利润就会变得非常容易，因为它有庞大的客户资源，有与客户进行零距离接触的机会及优势。比如阿里巴巴的一些客户每年都会参加一些展销会议，这时，阿里巴巴的工作人员就会出现在这些客户的身边，与他们洽谈一些推广合作。这样通过线上线下的有效组合，阿里巴巴便能够发现很多的商业机会。而且随着阿里巴巴平台客户数量的不断增加，客户对阿里巴巴的依赖性会越来越强。所以说，阿里巴巴的目标客户定位非常准确，这是阿里巴巴商业模式成功的基础。

目前，阿里巴巴的业务主要分为三大块，分别是：B2B 业务，主要针对的是企业与企业之间网上交易行为；C2C 业务，主要针对的是个人与个人之间的网上交易行为，比如淘宝，据相关数据显示，淘宝在我国网络零售市场的份额已经占到了 78%；支付宝业务，主要为客户支付提供第三方担保服务。

阿里巴巴的主要利润来自于注册会员所缴纳的会员费，分为两种，一种是国际交易平台会员，主要方式是在网上为国内外企业搭建站点社区，一方面为国内一些出口企业提供国际采购商的信息，一方面为想进入国内市场的国外企业提供国内采购商信息或者其他有偿服务。另一种是国内交易平台会员，这种方式我们比较容易理解，比如淘宝、阿里巴巴批发网，其目的是帮助国内企业完成网上交易，当然，企业需要以会费或者其他方式向阿里巴巴支付相关费用。此外，通过广告推广、搜索排名、链接、店铺装饰、活动参与等，都是阿里巴巴的收入来源。

一个优秀的商业模式必然有一些优秀的竞争策略，阿里巴巴在发展的初期，把主要精力放在了迅速扩大会员规模上，方式是通过提升采购商的数量来扩展供应商会员数量。比如阿里巴巴在美国、欧洲、香港等地区都设有办事处，在国内很多城市也设立有办事处。其目的就是挖掘当地采购商资源，对阿里巴巴产生依赖性，从而挖掘供应商资源。此外，有一部分会员是通过线下活动获得的，特别是一些高级会员，如前面提到的展销会，客户经理通过与供应商的直接面对面沟通，发展其成为会员客户。

在发展会员的同时，对老会员的维护也是阿里巴巴非常重视的一项工作，比如通过“中国供应商”和“诚信通”使得企业的收入得到了稳定增长，阿里巴巴与客户的续签率达到了 80% 左右。

在发展中，阿里巴巴扩展了客服渠道，增加了代理商，扩展了销售渠道。客服渠道覆盖全国各地各大城市，在上海、重庆、四川、河北四个区域中设置了重点渠道合作伙伴，由代理商来发展该区域的客户资源。

阿里巴巴给人们的形象是在行业内处于领先定位，而为了巩固这个形象，阿里巴巴也做了不少工作，举办了一系列的线上线下品牌宣传活动，从而打造了行业领军形象。此外，阿里巴巴的各种软件一定程度上也充分满足了企业会员在经营过程中的各种需求。

总体来看，阿里巴巴的商业模式投入和收益的运转效率高，效果明显，而且运营成本较低，企业成长迅速，价值提升快。充分证明了一个优秀的商业模式是企业的核心竞争力。